U0165215

读书

改变命运

普通人如何逆袭人生

■ 郑毓煌 著

中国出版集团

中译出版社

图书在版编目（ＣＩＰ）数据

读书改变命运 ：普通人如何逆袭人生 / 郑毓煌著
. -- 北京 ：中译出版社，2023.7（2024.2 重印）
ISBN 978-7-5001-7446-2

Ⅰ．①读... Ⅱ．①郑... Ⅲ．①郑毓煌－自传 Ⅳ.
①K825.1

中国国家版本馆CIP数据核字(2023)第116500号

读书改变命运——普通人如何逆袭人生
DUSHU GAIBIAN MINGYUN—PUTONGREN RUHE NIXI RENSHENG

出版发行	中译出版社	
地　　址	北京市西城区新街口外大街 28 号普天德胜大厦主楼 4 层	
电　　话	(010)68359373, 68359827（发行部）68357328（编辑部）	
邮　　编	100088	
电子邮箱	book@ctph.com.cn	
网　　址	http://www.ctph.com.cn	

出 版 人	乔卫兵	
责任编辑	郭宇佳	
策划编辑	郭宇佳　张　晴	
文字编辑	马雨晨　邓　薇	
营销编辑	张　晴　徐　也	
封面设计	潘　峰	

排　　版	北京竹页文化传媒有限公司
印　　刷	北京中科印刷有限公司
经　　销	新华书店

规　　格	710 毫米 ×1000 毫米　1/16
印　　张	17.5
字　　数	109 千字
版　　次	2023 年 7 月第 1 版
印　　次	2024 年 2 月第 10 次

ISBN 978-7-5001-7446-2　定价：79.00 元

谨以此书献给每一个家庭和孩子。

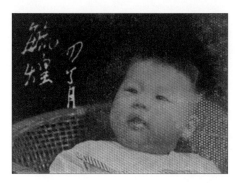

✦ 1975 年，我四个月

✦ 1976 年，我九个月

✦ 1968 年父母的合影，以及姐姐和我
  小时候的照片

✦ 爷爷和奶奶年轻时的合影

✦ 母亲上大学时

✦ 父亲参军时

✦ 1976 年，一岁的我和奶
  奶、父母、姐姐在厦门
  鼓浪屿合影

厦门鼓浪岛留影 七六年夏

七九年 六一节 留影

✦ 1979 年六一儿童节，四岁的我与父母、
  姐姐的合影

✦ 小学时，我与父母、姐姐的合影

✦ 1984年春节，全家大
合影（我：前排左四）

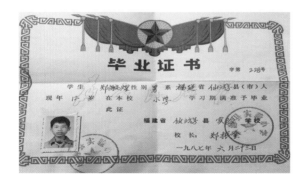

✦ 1987年，我的小学
毕业证书

✦ 1987 年，小学毕业时的全班合影（我：后排右六）

✦ 初中时，我与父母、姐姐的合影

✦ 1990 年，初中毕业时的全班合影（我：后排左八）

✦ 1993 年，高中毕业时的全班合影（我：三排左五）

✦ 1994 年，我（后排右一）在清华大学读本科期间参加大一暑假的军训

✦ 1995 年，我（前排右三）在清华大学读本科期间与全班参观正在修建中的北京西站

✦ 1996 年，我在清华大学读本科期间与父亲在颐和园合影

✦ 1996 年，我在清华大学读本科期间与父亲在清华园合影

✦ 1997 年，我（后排左八）在清华大学读本科期间的全班合影

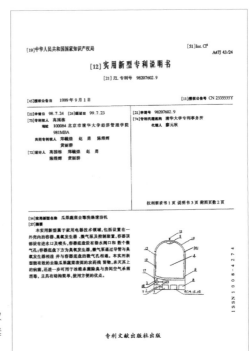

✦ 1999 年，我和团队共同获得了国家
知识产权局颁发的"瓜果蔬菜去毒
洗剂清洁机"的专利

✦ 2000 年，我（后排左二）在清华大学工商管理硕士毕业时的全班合影

✦ 2006 年，我在哥伦比亚大学商学院博士毕业时的照片

✦ 2006 年，我在美国看到的洗菜机，该产品还获得了"2006 年《时代》杂志年度最佳发明"

✦ 2011 年，中央电视台英文频道（CCTV News）采访我

✦ 2014 年，我在演讲之后接受拉萨电视台采访

✦ 2015 年膝盖手术之后，我无法再爬台阶，
乘坐飞机遇到远机位时需要申请轮椅和升
降梯服务

✦ 2015 年 1 月,《文汇报》发表我的署名
　文章《中国需要国家营销战略》

✦ 2015 年 3 月,《文汇报》发表我的署名
　文章《保护消费者权益,打造中国品牌》

✦ 2016 年，我在世界知识论坛与德国前总理施罗德等全球政商领袖同台演讲

✦ 2017 年，我在世界
知识论坛和联合国原
秘书长潘基文同台演
讲并合影

✦ 2017 年，我（右三）举办了清华大学学生创业协会成立二十周年论坛

✦ 2017 年，荣获教育部颁发的
"国家精品在线开放课程"

✦ 2020 年，荣获教育部颁发的
"国家级一流本科课程"

✦ 2017 年，我与《灰犀牛》作者、全球思想领袖米歇尔·渥克对话

✦ 2018 年，我在纽约接受哥伦比亚大学商学院诺埃尔·凯普教授视频采访

✦ 2019 年，《销售为先》作者、哥伦比亚大学商学院教授诺埃尔·凯普来华演讲期间，带头做俯卧撑

✦ 2019 年，我邀请普利策奖获得者、沃顿商学院教授斯图尔特·戴蒙德来华授课，图为授课后的合影

✦ 2019 年 5 月，我带领中国企业家去美国访问，与斯坦福大学设计学院巴里·凯茨教授合影

✦ 2019 年，我邀请《让大象飞》作者、硅谷创业教父史蒂文·霍
　夫曼来华，在宾大沃顿中国中心一起对话时合影

✦ 2019 年 5 月，我带领中国企业家学生去美国访问，与诺贝尔奖获得
　者、加州大学伯克利分校教授丹尼尔·卡曼合影

✦ 2019 年，我去纽约拜访英国央行原行长、纽约大学教授默文·金爵士

✦ 2019 年，我邀请我的
   博士论文导师、哥伦
   比亚大学商学院教授
   冉·凯维兹来华

✦ 2019 年 7 月，我和我的博士毕业生赵小华、周圆圆合影

✦ 2019 年 10 月，我带领中国企业家学生去美国访问全球领先的慕课公司 edX

✦ 2019 年 10 月，我与 edX 主席、麻省理工学院教授阿南特·阿加瓦尔会面

✦ 2019 年 10 月，我带领中国企业家学生去哈佛大学访问，并在哈佛大学肯尼迪学院演讲

✦ 2019 年 10 月，我带领中国企业家学生去哈佛大学访问，图为诺贝尔奖获得者、哈佛大学教授奥利弗·哈特为我们授课

✦ 2019 年 10 月，我与"现代营销学之父"菲利普·科特勒合影

✦ 2019 年 10 月，"现代营销学之父"菲利普·科特勒为我（右一）和其他学者颁发"科特勒大师传承人"项目导师证书

✦ 2021 年 7 月，我和我的学生、厦门大学陈瑞教授在厦门合影

✦ 2022 年暑假，经过多年的康复锻炼，我终于可以重新骑自行车了

PNAS

RESEARCH ARTICLE | PSYCHOLOGICAL AND COGNITIVE SCIENCES

Masks as a moral symbol: Masks reduce wearers' deviant behavior in China during COVID-19

Jackson G. Lu[a,1,2], Lesley Luyang Song[b,1], Yuhuang Zheng[b,2], and Laura Changlan Wang[b]

Edited by Timothy Wilson, University of Virginia, Charlottesville, VA; received June 28, 2022; accepted August 7, 2022

Since the outbreak of COVID-19, mask wearing has become a global phenomenon. How do masks influence wearers' behavior in everyday life? We examine the effect of masks on wearers' deviant behavior in China, where mask wearing is mostly a public-health issue rather than a political issue. Drawing on behavioral ethics research, we test two competing hypotheses: (a) masks disinhibit wearers' deviant behavior by increasing their sense of anonymity and (b) masks are a moral symbol that reduces wearers' deviant behavior by heightening their moral awareness. The latter hypothesis was consistently supported by 10 studies (including direct replications) using mixed methods (e.g., traffic camera recording analysis, observational field studies, experiments, and natural field experiment) and different measures of deviant behavior (e.g., running a red light, bike parking in no-parking zones, cheating for money, and deviant behavior in the library). Our research ($n = 68,243$) is among the first to uncover the psychological and behavioral consequences of mask wearing beyond its health benefits.

social psychology | behavioral ethics | deviance | unethical behavior | COVID-19

Since the outbreak of the novel coronavirus (COVID-19), mask wearing has become a global phenomenon (1). Because masks reduce the spread of COVID-19, studies have examined predictors of mask wearing, including demographic factors (2–5), education level (6), mask policies (7), political affiliation (8, 9), empathy (10), and cultural values (6). By contrast, little research has examined the psychological consequences of mask wearing: How do masks influence wearers' behavior in everyday life?

To help address this knowledge gap, the present research examines the effect of masks on wearers' deviant behavior, which is defined as voluntary behavior that violates significant societal norms and threatens the well-being of a society, its members, or both (11). Examples of deviant behavior include running a red light, parking in no-parking zones (12), littering in public places (13), cheating for money (14–17), talking in the library (18), and so forth. It is important to mitigate such deviant behaviors because they harm individuals, organizations, and society (19, 20). For example, running red lights accounts for 21.5% of the deaths caused by pedestrians in China from 2009 to 2013 (21). As another example of the societal toll of deviant behavior, theft is estimated to cost 1.13 trillion yuan in China each year (22).

Drawing on behavioral ethics research, we test two competing hypotheses about the effect of masks on wearers' deviant behavior. On the one hand, masks may disinhibit wearers' deviant behavior by increasing their sense of anonymity. On the other hand, masks may function as a moral symbol that reduces wearers' deviant behavior by heightening their moral awareness. To test the link between mask wearing and deviance, we conducted 10 studies in China using mixed methods. We chose to focus on China for several reasons. First, mask wearing is mostly a public-health issue in China (23), whereas it has been a politically divisive issue in countries like the United States (4, 6), Germany (25), Spain (26), Australia (27), and South Africa (28), which have witnessed antimask campaigns (23). Second, Chinese citizens are used to being asked to put on masks in daily life (23). This ensures the ecological validity of our experimental manipulation, such that asking Chinese participants to put on masks would not be unnatural. Third, understanding the effect of mask wearing on deviance in China has large-scale practical implications, as China is the most populous country in the world. Fourth, we had unique empirical opportunities in China (e.g., privileged access to traffic camera recordings and a rare chance to conduct a natural field experiment in a university setting). We discuss the generalizability of our findings in the *Limitations and Future Directions* section.

Do Masks Increase or Decrease Wearers' Deviant Behavior? Two Competing Hypotheses

Drawing on behavioral ethics research, we present two competing hypotheses for the effect of masks on wearers' deviant behavior.

Significance

Due to COVID-19, mask wearing has become a global phenomenon and a widespread topic of discussion. How do masks influence wearers' behavior in everyday life? We examine the effect of masks on wearers' deviant behavior in China, where mask wearing is mostly a public-health issue rather than a political issue. Across 10 studies using mixed methods and different measures of deviant behavior, we provide evidence that masks are a moral symbol in China that reduces wearers' deviant behavior by heightening their moral awareness. Our research is among the first to uncover the psychological and behavioral consequences of mask wearing beyond its health benefits.

Author affiliations: [a]MIT Sloan School of Management, Massachusetts Institute of Technology, Cambridge, MA 02142; and [b]School of Economics and Management, Tsinghua University, Beijing 100084, China

Author contributions: J.G.L., L.L.S., Y.Z., and L.C.W. designed research; L.L.S. collected data; J.G.L., L.L.S., and L.C.W. analyzed data; J.G.L. wrote the paper; and L.L.S., Y.Z., and L.C.W. provided critical revisions.

The authors declare no competing interest.

This article is a PNAS Direct Submission.

[1]J.G.L. and L.L.S. contributed equally to this work.

[2]To whom correspondence may be addressed. Email: lu18@mit.edu or zhengyh@sem.tsinghua.edu.cn.

This article contains supporting information online at http://www.pnas.org/lookup/suppl/doi:10.1073/pnas.2211144119/-/DCSupplemental.

Published October 4, 2022.

✦ 2022 年 10 月，我的论文在《美国科学院院报》（*PNAS*）发表

✦ 2022 年 10 月，清华大学经济管理学院官网报道我的研究

Mask wearing improved behavior

People in China who wear masks to protect against COVID-19 behave more ethically in public than those who don't, researchers found. The result challenges a hypothesis that masks encourage deviant behavior by increasing anonymity. The researchers did 10 different studies involving more than 68,000 participants. Some tallied antisocial behavior of masked and unmasked people in public, such as pedestrians who ran red lights and bicyclists parking in no-parking zones. Another study measured whether participants lied about solving an unsolvable puzzle. In all these cases, masked people obeyed rules and acted ethically more often than unmasked ones, the researchers reported in the 4 October issue of the *Proceedings of the National Academy of Sciences*.

✦ 2022 年 10 月，《科学》杂志官网报道我的研究

✦ 2022 年 10 月，麻省理工学院官网报道我的研究

✦ 2023 年 5 月，我和 98 岁高龄的奶奶在祖屋前合影

前　言

我从来没有想过要出一本自传。

事实上，出版社的朋友曾经就此事和我联系过，建议我写一本自传。但我觉得，自己才四十多岁，这个年龄实在不适合写自传，一般自传都要等到七八十岁的时候才写。

然而，今年发生的一件事突然改变了我的想法。

2023年的春节，我回福建仙游老家看望奶奶。有一天，小学同学傅汉辉请我吃饭时说："你去年在北京给中小学生们举办的夏令营非常好，但是老家仙游只是一个小县城，不像北京那样的大城市，大多数人收入还比较低，没有机会参加这样的夏令营。"

他的这番话，让我开始思考改变。确实，去年的夏令营，来参加的大都是一二线城市的孩子。如何才能让更多来自中小城市甚至农村的孩子也有机会参与呢？

线下的优质教育机会，从来都是稀缺的。2023 年暑假，我会在北京继续举办夏令营，并且扩大人数，给更多孩子机会。这个暑假我计划举办三期，但最终能参加夏令营的孩子，最多也只能有二百人左右。但全国还有千千万万的孩子，他们也需要这样的教育机会。

怎么办？这些年来，在寻找到人生下半场的新使命"教育改变命运，我们改变教育"（详见本书"9 至暗时刻，寻找使命"）之后，我一直在努力，希望让更多人可以获得国内外最优质的教育资源。

于是，我突然决定：那就写一本书吧。没有什么比一本书更能传播到千家万户了。书的优点是，大多数家庭，无论富裕还是贫穷，不论是在一线城市还是在农村，都可以买得起。

今年我将继续在北京举办夏令营，主题是"读书改变命运"，届时我会分享自己因读书而改变命运的人生经历，希望能借此帮助孩子们找到人生目标，变"父母要我学习"为"我为自己学习"。

所以，这本书的主书名叫《读书改变命运》。我真诚地希望，在这本书里，我用自己以及我的老师、朋友、学生、历史名人等通过"读书改变命运"的人生经历，能帮助更多孩子找到他们的人生目标，从而为自己的人生目标去努力奋斗。

我想送给全国的孩子们一份暑假礼物：一个让每个孩子都上得起的"夏令营"。感谢中国出版集团中译出版社帮我实现了这个梦想。

于是，在这个想法的推动下，我开始天天努力写作。这是我写的第七本书。以前每本书的写作时间都不短，但这本书我几乎是一气呵成的，平均每天写五千字。我将原先一些闲暇时间全部利用起来，完成了这本十万多字的书，这真是不可思议！

生活又何尝不是如此？没有明确的目标时，我们会浪费大量的时间在手机、无效应酬等各种事情上；但是，一旦有了重要的人生目标，我们就会全力以赴。

可以说，写这本书的过程，再一次改变了我自己。

只要有梦想，一切皆有可能！这句话是我即将本科毕业时的人生格言，当时我还把它印在自己的简历上（详见本书"4　大学，从自卑到自强"）。今天，这本书的诞生让我更加坚信这句话。在此，我把这句话送给每一位家长和孩子。

希望这本书可以帮助更多的孩子改变他们的命运，让他们为自己的人生目标努力奋斗，并且乐在其中。

读书改变命运，让我们一起努力！

哥伦比亚大学博士

清华大学博士生导师

2023 年 5 月于清华园

　　欢迎读者扫码关注微信公众号"郑毓煌"，回复"读书"即可加入《读书改变命运——普通人如何逆袭人生》书友交流群，并与作者郑毓煌教授一起交流，助力孩子考上国内外名校。

目　录

CONTENTS

目录

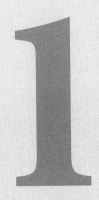

我是农村娃

READING

　　我出生在福建省仙游县赖店镇溪浦村。这是一个位于中国东南沿海、离北京两千公里远的小山村。顾名思义，村子因为有一条小溪而得名溪浦村。令全村人骄傲的是，这里依山傍水，盛产甘蔗和西瓜。在我的印象中，小时候村里到处是水沟，不但便于灌溉庄稼，也方便家家户户洗衣服。更加美妙的是，小时候水沟里的水非常清澈，而且水沟还大到可以让孩子们在里面洗澡。有时候，我们还在水沟里抓鱼。想要在流动的水中抓鱼当然不容易，但是这难不倒我们。我现在还记得，为了抓鱼，我和其他孩子会在水沟的下游筑起一座水坝，只留一个小缺口，这样，我们就可以用一些袋子轻松捞鱼了。

父母的爱情

　　我的父母都是土生土长的仙游人。他们是高中同学，从校园爱情走进婚姻殿堂让人羡慕，但其实两人能走到一起非常不容易。

我的爷爷在我父亲六岁的时候就因为肺结核去世了，奶奶后来再婚。幸运的是，继爷爷和奶奶是同学，感情很好。继爷爷是一名小学老师，在当时是有正式工作的人，家里经济条件算是不错的，父亲也因此一直读完了高中。这在当时是很少见的，那时候高中生可算是"稀有物种"。

奶奶是我们整个家族的骄傲。奶奶出生于1926年，今年已经九十八岁了（福建农村都用虚岁，生下来就算一岁），是村里最长寿的老寿星。奶奶的父母当年从仙游下南洋谋生，在印尼生下了奶奶和她的妹妹（我的姨奶奶）。不过，后来奶奶读小学五年级时就被送回了仙游读书并照顾家里的老人，姨奶奶则一直在印尼长大。20世纪80年代初，姨奶奶回国探亲，几十年没有见面的姐妹俩相拥而泣。当时，身为华侨的姨奶奶送给奶奶一台电视机。这台日立牌的十二寸彩色电视机成了全村人最羡慕的物件，每当播放《西游记》等电视剧时，全村人都会跑来我家一起看。

父亲的成绩在班里一直名列前茅，他参加高考后却没被大学录取。这件事，成为父亲心中永远的痛。甚至在他和母亲来北京随我在清华大学居住和生活多年后，父亲仍然因为没考上大学而不好意思去参加同学聚会。

尽管父亲没考上大学，却娶了一个大学生为妻。这在当时几乎是不可想象的事情。唯一的解释就是父亲和母亲爱情的力量。今天，村里面仍然流传着父母当年的爱情故事，甚至有人说父亲和母亲当年交换了考卷：父亲把自己的卷子做好之后写上了母亲的名字，而母亲的卷子则写上了父亲的名字。所以，学习成绩好的父亲反而没考上大学，而考上大学的母亲愿意嫁给没考上大学的父亲。当我问起母亲这个传闻是否为真时，母亲听了哈哈一笑，告诉我说那是别人编的。母亲告诉我，父亲没考上大学是因为家庭出身及当时的社会环境。

母亲出生在仙游县的榜头镇。与幼年丧父的父亲相比，母亲的童年更加不幸。她一生下来就被亲生父母送了人。那时候，福建农村重男轻女的思想非常严重。因为母亲是女孩（母亲排行老五，当时家里已有好几个孩子了），就被送到她的姑妈家当"童养媳"。这在当时的农村是很普遍的做法。"童养媳"的身份也对母亲的性格产生了很大影响。从小寄人篱下，导致母亲养成了不太敢于表达自己想法的性格。而且母亲年幼时家庭条件非常艰苦。艰苦到什么程度呢？按母亲自己的说法，家里一天三顿饭只有稀饭。因为没有菜和肉，就经常直接往稀饭里加点盐而已。母亲的命运似乎早早就被安排好了，她这个"童养媳"长大以后就得嫁给自己的二哥（也就是我的二舅）。幸运的是，虽然家里特别穷，却依然供母亲上学。在仙游一中读高中时，母亲认识了父亲，两人的命运就此改变。

所以，读书改变命运，其实在父母身上就实现了。如果父亲没有读书，他就无法改变农民的身份，也无法认识母亲并娶到这位大学生做妻子；如果母亲没有读书，她不仅无法改变农民的身份，还无法摆脱"童养媳"的命运。正是因为读书，父亲和母亲在仙游最好的中学——仙游一中成为同班同学。父母一直都为他们是仙游一中的校友而骄傲。尽管这只是一所县城的中学，却培养了许多优秀的人才，包括多位院士、将军等，例如，北京大学校长龚旗煌院士就是从仙游一中毕业的。

1964 年高中毕业后，母亲如愿考上了大学，去位于福州的福建师范大学读数学系本科，而落榜的父亲则去了海南岛当兵。尽管如此，两人的爱情却没有结束。在那个没有电话、手机等通信设备的年代，在海南岛当兵的父亲和在福州读大学的母亲只能靠书信联络。1969 年，父亲退伍回家探亲时，两人决定结婚。当时，父亲带着母亲回到溪浦村的老家看望奶奶。奶奶知道母亲是大学生，而自己儿子只是高中生，担心将来母亲会后悔，于是就想办法让两人尽快结婚。结果，就在父亲带母亲回仙游的当天，奶奶就让他们去领取了结婚证，第二天就把家里唯一的猪杀了，邀请全村的乡亲们一起吃酒席。父亲和母亲的婚礼就这样速成了。

可想而知，这件婚事遭到了母亲家人的反对，因为这违背了母亲作为"童养媳"的"义务"。刚刚大学毕业的母亲答应用钱来弥补，一定要帮二哥娶上媳妇。大学毕业后，母亲每个月的工资有四十八元五角，但是她要拿出三十元，也就是将近三分之二的工资给娘家。而且，除了要帮二哥娶媳妇，母亲还有一个弟弟要抚养。所以，大学毕业后的十几年时间里，母亲的生活都非常拮据。但是，母亲一直无怨无悔。现在我都还记得母亲每次带我回外公外婆家时，全村的人都夸赞她是个好女儿。因为母亲不仅帮助二哥娶了媳妇，还帮助弟弟考上了大学，而且找到了一份稳定的工作。

几年前，我带父母一起去海南省三亚市度假。父亲看到如今日新月异的海南，简直不敢相信自己的眼睛。他告诉我，他年轻时就在三亚市隔壁的陵水县当兵。当兵的那五年，陵水当地非常落后，很多人家里没有吃的，便常以香蕉充饥。所以，父亲后来最不爱吃的水果就是香蕉，因为他在海南当兵的五年内吃了太多的香蕉。这就是 20 世纪 60 年代的海南，与今天作为自贸港的海南有着天壤之别。如今，著名的海南清水湾就位于陵水县，那里的房价特别高。

"毓"字的麻烦

结婚两年后，父母的第一个孩子，也就是我的姐姐出生了。因为是第一个孩子，父亲和母亲比较谨慎，所以我姐姐是在全县最好的医院——仙游县医院出生的；我却是我们村里的接生婆接生的。为什么我出生时他们没去医院呢？父亲曾经告诉我，我姐姐出生时，医院护士的服务态度很不好，因此父亲耿耿于怀；后来我出生时他宁愿请接生婆到家里，也不愿再送母亲去医院生孩子。而且，从村里去县医院很远，交通很不方便。

在我出生的那个年代，福建当地重男轻女的思想还比较严重；我父亲也是这样。因为第一个孩子是女儿，所以他特别希望第二个孩子是男孩。听母亲说，我出生时，由于是在村里生的，没有麻醉药，她疼得一直抓着父亲的胳膊，直到生下我，才发现父亲的胳膊被抓得乌青。我出生的体重是七斤多，比姐姐要重两斤，因此母亲生我时更加不容易。当父亲知道我是个男孩后，喜出望外，特别激动。

为我取名字时，也发生了一件趣事。当时为新生儿取名字时家里会请算命先生根据其生辰八字来算字。父亲也请了一位算命先生帮我算命和起名字。算命先生看了我的生辰八字，说我五行缺火。于是，父亲就给我取了"煜煌"，以弥补我五行缺火。算命先生知道后告诉父亲说："两个字里都有火，以后孩子性格会非常暴躁。"最后，母亲建议父亲把"煜"改成"毓"。因为"毓"和"煜"不仅发音相同，而且引自"钟灵毓秀"一词，比较雅致，寓意是以后我会有文化。没想到的是，我名字里的"毓"字给我惹了无数的麻烦。小时候，很多人不认识这个字，甚至很多老师也不认识。所以"毓"字经常被认作"硫"或者"流"。还经常有人给我起外号，叫我"硫黄"。那时候，这个略带侮辱性的外号让我很痛苦，我不理解为什么父母要把我的名字起得这么复杂。不过，长大以后，我发现身边几乎没人读错我的名字了。

爱，才是最珍贵的

大学毕业后，母亲被分配到厦门综合玻璃厂工作。厦门离仙游老家大约有二百公里，由于那时候交通不便，母亲要花一天时间才能回到老家。先从厦门玻璃厂坐公共汽车到厦门汽车站，再由厦门汽车站坐客车到泉州汽车站，然后从泉州汽车站坐客车到仙游县城汽车站，再从仙游县城汽车站坐客车到离村几里远的柴桥头集市下车，最后从柴桥头集市步行几里路回到村里的老家。为了能多陪陪我，母亲把还年幼的我接到厦门住了大约一年的时间。但是母亲白天要上班，没法照顾我，于是就请我的姑姑去厦门帮忙照顾。在我两岁左右时，姑姑要嫁人了，母亲也忙不过来，我才被送回了仙游农村老家。

就这样，母亲被迫和我分开，一年只能回老家看我一两次。后来，母亲不愿再跟家人分隔两地，父亲又因为没有大学文凭且是农村户口，无法调动到厦门工作。因此，母亲做了一个勇敢的决定——放弃厦门的户口和工作，调到仙游县城的食品厂工作。即使是在今天，这样的决定也很不容易，毕竟厦门是经济较发达的城市，而仙游只是一个小县城。如今回想起来，我真的非常感谢母亲当时愿意做出那样的牺牲——一切只因为她爱这个家和我。

自从母亲回到仙游之后，我就可以经常见到母亲，感到十分幸福。当时母亲在县城工作，经常带着我走十几里路，从县城步行回乡下老家。对当时还没上小学的我来说，十几里路可以说是千里迢迢。每当我不想走或者走不动时，母亲就会拿出零食，比如小麻花，对我说："你从这儿走到那个小山头儿，我就奖励你一个小麻花。"几十年过去了，这些经历成为我最美好的童年回忆。写到这里，我的泪水不禁流了下来，再次深深感受到了母亲对我的爱。

回顾自己的童年，我无疑是十分幸福的。尽管当时物质条件很差，但我生长在一个有爱的家庭。爱，才是这个世界上最珍贵的东西，这让我从小就养成了乐观向上的性格。很多朋友都喜欢听我的笑声，甚至有人说："你的笑声太有魔力了，只有心胸坦荡的人才会这样开怀大笑，离着很远都能听到！"

小学，我读了四个

"我不读书了！"

父亲退伍之后，先是在村里当了几年赤脚医生。后来，由于村里的学校要增加初中部，缺少中学老师，有高中文凭的父亲就被邀请去当民办教师。他工作非常努力，教学成绩很出色，几年后就转成了正式教师，并被调去柴桥头车站附近的锦田学校教书。那里比我老家的村子繁华许多，有一些集市，附近几个村子的人都会到那里买卖东西。

我印象最深的是其中一家餐厅。父亲是学校里的老师，因此那家餐厅的服务员都认识父亲。父亲每次去买馄饨汤的时候，服务员都会多打几个馄饨，汤也加得满满的。一份葱油味的馄饨汤，再配上米饭，就能让全家人吃得心满意足，那也是迄今为止我记忆中最美味的馄饨汤。

在我五周岁的时候，父亲就想让我去上学。当时村里的学校没有幼儿园，我可以直接读一年级，但为了确保心智适合上学，需要参加一个面试环节。面试的老师对我说:"我问你几个问题,你能回答出来我就让你上学。"没想到,他问的问题看似简单,但有几个我当时真的没回答出来。直到今天,我还记得当时老师问我:"你家里有几口?"我犹豫了好久到底应该回答我的小家庭还是大家庭人数,因为小家庭只有四口人(父母、姐姐和我),但是大家庭就有许多人(爷爷、奶奶、他们的七个孩子及其各自的配偶,还有我这一辈的孙子、孙女们)。由于数不过来大家庭有几口,我就回答:"四口。"老师又问我,家里有没有狗。我说,有一只狗。他接着问,难道狗不是你们家的一口吗?这个问题让我一下子面红耳赤,因为我确实不知道狗该不该算进来。结果,情急之下,我就说:"我不读书了!"那位老师哈哈大笑道:"你确实还太小,明年再来吧!"

说到这只小狗,也有一段令我难忘,甚至可以说是难过的回忆。这只小狗是农村里常见的小黄狗,特别可爱。我跟小狗的关系特别好,我每次吹口哨或者喊它,它就会跑过来。小时候的我甚至经常骑在它背上玩。当时,家里生活条件很差,平时都没肉吃。有一天,我的几个姑父回来,他们决定要把小狗吃掉。那天,小狗好像有某种预感似的,任凭姑父们怎么叫它都不理睬。这时候,姑父们想到了和小狗关系最好的我,跟我说:"你喊一声,叫小狗回家。"我当时太小了,根本不明白会发生什么,于是就鬼使神差地喊了小狗一声。听到我的喊声后,小狗箭一般地跑回来,一下就被姑父们抓住了。现在回想起这件事，我仍然很难过。小狗是因为对我的信任，才失去了生命。

成为小学生

六周岁的时候，我终于顺利回答了所有的入学面试问题，成了一年级的小学生。当时，我们一家四口住在一间父亲学校分配的屋子里。屋子特别小，大概只有十平方米。我们四口人睡一张床，做饭也在这间屋子里。屋里有一个泥土堆砌而成的柴火灶，我跟姐姐每天负责捡柴火。到了秋天，学校的后山上有很多落叶，我和姐姐各自拿一根细细的铁棍，用铁棍串树叶，串满一铁棍后，再一次性地把它们撸到麻袋里。在我的印象中，用树叶烧的饭特别香。那时候的日子虽然穷，但也过得其乐融融。

关于吃的，我印象中还有一件事，就是 20 世纪 80 年代初姨奶奶从印尼回来探亲时，不仅送给了奶奶一台彩色电视机，还带回来一箱方便面。父亲也分到了几包，拿给我们吃。第一次吃方便面的时候，我惊呆了——世界上竟然有这么好吃的东西，而且不用放到锅里煮，倒点儿开水就熟了！或许，那时候的我，心里就埋下了一颗小小的种子：希望长大以后能够出去看看广阔的世界。

连续两次转学

　　母亲从厦门调回仙游工作后，先是在县城上班，因为每天来回有十几里路不方便，她又主动调到乡下。我们乡有个粮站，母亲就在粮站当会计。粮站分了一间大些的房子给母亲，比父亲学校里分的房子大很多，所以，我们全家就搬到了那里住。靠近粮站的那个村叫土山村，居住的都是傅姓人家，村里人读书风气很好，小学的教学质量也更高。因此，母亲利用到粮站工作的机会，把我转学到粮站旁边的土山小学读二年级。

　　没想到，转学到新学校的第一天，我就被欺负了。因为小学时我们的课桌上都画有"三八线"，我当时的同桌是个女生，我不小心用手肘碰到了她，结果她喊来了自己的表哥，几个人把我暴打了一顿。在那个学校，几乎所有人都姓傅，而我是唯一姓郑的学生，外姓人很容易被欺负。

　　我在土山小学读了二年级和三年级。由于是外姓人，我经常战战兢兢，害怕被打。不过，也有一些快乐的回忆，至今令我印象深刻。因为我家住在粮站里，粮站存放了很多粮食，所以有时会有麻雀飞过来偷吃粮食。我记得有一次，粮站的师傅带着我捕麻雀。我们躲到一间装满稻谷的屋子里，将绳子的一端拴在门把手上，另一端握在手里。我们先把门打开，等麻雀差不多全飞进来后就拉动绳子，把门关上，这样这些麻雀就被困在屋子里了，我们用麻袋抓了几十只。母亲在粮站工作还有一个福利，逢年过节粮站会给员工发放一些肉票，因此每年春节，发给我家的肉可供我们吃上一整个正月。

还有一件让我印象深刻的事情。由于家里穷，小时候我从来没有买过玩具。在粮站住的那两年，院子里有一个比我小好几岁的小孩有一辆儿童三轮自行车，他经常在院子里骑来骑去。我实在是太羡慕他了，于是就去和他套近乎，以获得骑那辆三轮自行车的机会。终于有一天，他同意让我骑一会儿，结果坐上那辆自行车的我却傻眼了：由于我是三年级的孩子，而他只是四五岁的孩子，我们的年龄和身材差距太大，我的腿已经长到无法骑那辆自行车了。现在回想起这件事来，我仍然觉得好笑，或许这也是 2022 年我毫不犹豫花了几千元给自己买了一辆高级自行车"小跑车"的原因——儿时希望拥有一辆高级自行车的梦想终于实现了。

在我读四年级的时候，父母让我转到了一所更好的学校——乡中心小学，这也是全乡最好的小学。虽然我在这个学校只读了一个学期，但是这段经历让我印象深刻。这所学校里聪明的孩子明显比前两个学校的要多，想拿好成绩不容易，想获得全班第一名、第二名更不容易，竞争非常激烈。这段经历也让我认识到，人应该到竞争更激烈的环境中历练。尽管竞争的过程是痛苦的，但是它会逼着你变得更好。也正因如此，今天我一直鼓励每一个学生去大城市读大学，大学毕业之后去大城市奋斗，因为那里的竞争会让你变得更优秀。

最后一次转学，成为学校风云人物

四年级下学期，母亲又让我转到了全县最好的小学——仙游县实验小学，这也是我读的第四个小学。母亲深知城乡教育资源的差别，因此一直想把我转到县里上学。在一位老同学的帮忙下，母亲在仙游县图书馆找到了工作。老同学提醒母亲，图书馆虽在县城，福利却不如乡下的粮站。母亲认真考虑了一番，觉得尽管全家的生活水平可能会下降，但好处是我可以在县城读书，而且图书馆有大量免费的图书可供借阅。母亲一直认为读书对孩子的成长尤为重要，精神食粮比物质食粮更重要，因此下决心要调动到仙游县图书馆工作。母亲在这个图书馆工作到退休，这是她最后一次换工作。

进县城之后，我也就转学进了仙游县实验小学。转学前，父母去见了校长。当时，校长问父亲我的学习情况。父亲说我在前面三所学校的成绩都不错，在班里都能排到前三名。但是，校长的一句话让父亲很没面子。校长说："乡下的前三名，来县里还能排前三名吗？"最后，校长决定亲自面试我，以了解我的真实情况。没想到，那一次面试，让我窘迫得面红耳赤。校长用普通话问了我三个问题，而我那时候还不太会讲普通话，也不太听得懂普通话。因为前三个学校都在乡下，老师讲课都是用方言。最终，要感谢校长的包容，我才转学进了这所全县最好的小学。

　　不过，因为我是农村转学来的，一开始在班里并不受欢迎。至今我还记得，有一次在学校附近的小树林里，好几个城里的孩子要欺负我。当时在小学生之间流行一种游戏，叫"斗鸡"，就是一条腿搭在另一条腿的膝盖上相互撞击。那一次，我决定勇敢地跟同学"斗一次鸡"，而且我必须赢，因为输了就没法在班里站稳脚跟，容易受欺负。令我印象深刻的是，尽管我不太会"斗鸡"，但是由于我憋着一股劲儿，身材又比较高大（我一直是全班较高的几个学生之一），所以在我全力冲向要欺负我的同学时，他们都吓得逃散开了。通过那次比赛，没人敢欺负我了。当然，要想成为班上真正受欢迎的学生，还需要在学习上名列前茅。正好，学校举办的一场智力竞赛给我创造了机会。我作为核心队员参加比赛，为学校取得了好名次。自此，我成了学校里的风云人物。

从玩泥巴到爱上阅读

　　我能在那次智力竞赛中表现出色，必须要感谢母亲的帮助。母亲在县图书馆负责管理期刊阅览室，因此，她经常把一些适合我的儿童刊物带回家让我看，当时我觉得母亲的做法不太对，就对母亲说："你怎么可以把公家的东西拿回家？"母亲说："你以前在乡下也不读书，来城里学习肯定赶不上别人。你是泥小子，而同学都是城里的读书人。所以你必须多读书，才能赶上他们。你每天晚上把我拿回来的这些杂志读完，第二天上班我再还回去，就不会影响任何一名读者了。"于是，为了减轻我的"负罪感"，我每天晚上都要吭吭哧哧地读完她带回来的杂志。感谢母亲的坚持，让我从那时起慢慢养成了阅读的习惯，知识量也逐渐增多，所以才能在那次智力竞赛中表现出色。

　　因为阅读广泛，我虽远在离北京两千公里的小县城，但在北京发生的事情我也能了解一二。当时我最喜欢的一本杂志叫《健康少年画报》，到现在我还记得这本杂志编辑部的地址在北京市东城区和平里。当时的我对这个地址特别向往，心里暗下决心：长大后我一定要去北京上大学，看看这个杂志社到底在哪里。有意思的是，那时候《健康少年画报》在全国招募小记者，我试着邮寄了申请表。没想到他们真给我寄来了盖着杂志社公章的小记者证，上面还有我的照片。拿到小记者证之后，我特别得意，经常在我们县城各处采访他人。这个小记者证还给我带来了其他"福利"。比如，县图书馆隔壁是县文化馆，那里经常会组织一些表演，但都是售票的。有一次，我特别想去看马戏团的表演，但又没钱买票。于是我就拿着小记者证说要进去采访，结果真的蒙混进去了。当小记者的经历也让我爱上了读书和写作，这对我现在的工作非常有帮助。

不过，住在图书馆的那些年里，全家的居住条件非常艰苦。一开始，母亲分到了一间位于一楼的大单间，我们全家都很开心。没想到的是，这个大单间之所以空着，是因为一楼太潮湿，"回南天"时屋里的地砖上都布满水珠。搬进去住了一段时间后，全家人都得了皮肤病，浑身长满了疱疹，痒得受不了。无奈之下，母亲向领导提出换一个房间。而图书馆除了一间在二楼的矮屋之外，再没有多余的房间了。那间位于二楼的矮屋，房门只有一米多高，进门必须弯着腰，否则会撞到头。进门之后，需要下两级台阶，房高只有约两米，一个人站立起来几乎会碰到天花板。是留在一楼潮湿的大单间，还是搬到二楼的矮屋？母亲的决定是搬到矮屋，虽然房间矮，但至少全家人不会再得皮肤病，可以正常生活。

现在想来，母亲决定和没有大学文凭的父亲结婚；从厦门调动到仙游老家工作，又从乡下的粮站调动到县图书馆工作；从一楼的潮湿大单间搬到二楼的矮屋，都是两难的选择，但又都被证明是正确的决策。这是因为对母亲来说，尽管父亲没有大学文凭，但爱情更重要；尽管调回仙游老家失去了厦门的城市户口和体面的工作，但全家人在一起更重要；尽管在图书馆工作会降低生活质量，但让孩子进县城上学以及读到更多的书更重要；尽管二楼的矮屋条件很差，但让全家人的身体健康更重要。因此，在面临人生两难选择的时候，我的建议是，问问自己什么最重要。只要你心里知道什么最重要，那么做选择就不再那么困难。

3

中学，成为状元

尴尬的小抄

感谢仙游县实验小学的培养，我的成绩在实验小学名列前茅，并在小学升初中的考试中考到全县前几名，顺利考上了全县最好的中学——仙游一中。我喜欢仙游一中。因为与小学阶段的多次转学不同，这里是一个全新的开始，所有同学都在同一个起跑线，不会出现因为是转学生而被人排挤甚至受欺负的情况。初一上学期的期中考试，我考了全年级第一名，父亲和母亲也为我感到骄傲；同时，我也获得了班主任的垂青。我的班主任是刚从福建师范大学毕业的高才生，还负责仙游一中团委的工作。因为我考了全年级第一名，为班级争了光，班主任引荐我成为校团委委员、学生会干部等。我逐渐成了全年级的焦点。

班主任的重视和各种荣誉加身让我有些扬扬得意甚至骄傲，我觉得自己很聪明，学习上开始懈怠。在一次历史考试前，我不想花时间背诵考试重点，就自作聪明地做了很多小抄。那次考试正好是班主任监考，我趁他不注意，考试时间还未过半，就把试题的答案抄完了。我不想坐在教室里无聊地等着交卷，就借口上厕所去外面溜达。等我回来的时候，全班同学都用异样的眼光看着我。原来，在我出去之后，关心我的班主任来到我的座位前，想看看他的得意门生的试题答得怎么样，结果发现了我藏在试卷下的小抄。我当时尴尬得恨不得找个地缝钻进去。

我初中时期最快乐的事情之一，就是交到了很多朋友。我们经常结伴打篮球、打乒乓球、玩扑克或是出去逛，学习不再是我生活的全部。到了初三，我仍然没有努力学习，总觉得自己很聪明，不愿意背诵知识点。转眼到了中考的日子，虽然我已经被保送到了仙游一中的高中部，但为了学校的中考排名靠前，我们这些被保送的学生还是参加了中考，以获得高分为母校争光。但中考我只考到了年级前十，距离初一时的年级第一已经退步不少。

成功源于努力

进入高一之后，我仍然没有把重心放在学习上，学习成绩持续退步，原来是年级第一，后来连班级第一都保不住了。此时我才认识到，再聪明也得努力，靠投机取巧或耍小聪明是不可能真正成功的。我终于决定洗心革面，高一暑假便开始发愤图强。我去书店买了一本数学参考书，暑假期间认真做完了书里的每一道题，发现多做题果然对提高考试成绩很有帮助。

从高二开始，我更加用功读书，学习成绩也迅速提高，连续多次成为年级第一，这让我重拾了自信。当时我在班里有一个学习竞争对手，是我的小学同学，数学成绩特别好。有一次，我们全班去体检，医生被他的检查结果吓了一跳，他的心脏竟然长在右胸。他就是现代医学上所说的"镜面人"或者"镜像人"：所有器官的位置都跟正常人的相反。成为"镜面人"的概率仅有百万分之一，甚至千万分之一。所以，我一直觉得他的智商很高与此相关。除他之外，年级第一名的争夺也非常激烈。正是因为这些竞争对手的紧追不舍，那时候我学习特别努力，高考时如愿成为全县的状元。

可以说，在学习上拔尖与成为明星运动员的过程类似。比如我们都知道的乒乓球世界冠军邓亚萍，邓亚萍个子很小，打乒乓球不占优势，但她为什么能战无不胜？因为她特别努力。再比如著名的 NBA 运动员科比·布莱恩特，科比的篮球天赋并不是很高，但他为什么能成为传奇的明星球员？2013 年，一位记者问当时三十五岁的科比为什么他会如此成功时，科比的回答是："你见过凌晨四点的洛杉矶吗？"我最喜欢的 NBA 现役球员斯蒂芬·库里也不是天赋型选手，但他苦练三分球，如今已经成为 NBA 全联盟最受关注的球员之一，带队获得了四枚总冠军戒指。

从这些成功案例中我们可以看出，成功的决定性因素并不是天赋，而是努力。各行各业有所成就的人之所以能取得成功，是因为他们比普通人更加努力。

对文字的热爱

中学时期，我加入了仙游一中的金石通讯社，在金石通讯社的经历锻炼了我的写作能力。今天看来，写作已经成为人们普遍认可的重要技能，我在工作中也经常需要用到这项技能。金石通讯社帮助我认识了多位学长学姐，很多人直到今天都还是我的好朋友，他们给了我很多好的建议。我经常鼓励学生们多去认识学长学姐以及各种忘年交，除了收获友谊，你还能获得很多其他视角。

我上初中时正好是武侠小说流行的年代，父亲经常在午休时看书，看着看着就睡着了。这时候，我就会把他的武侠小说偷偷拿过来看，结果经常是我比父亲先读完。我那时将金庸、梁羽生、古龙的小说几乎都看了一遍，心中也充满了对大侠的崇拜之情。现在想来，读武侠小说也塑造了我的人生观——内心一直希望自己也能做一个武功高强、行侠仗义的大侠，不喜欢太多陈规陋习，更不喜欢权力。因为，那些大侠经常挑战不合时宜的权力，而不是去服从；大侠们关心的是百姓的生活，而不是某一个位高权重的位置。

　　爱好读书和写作的我还曾写过一篇文章，发表在《中学生语文报》上。这份报纸在福建省知名度很高，发表文章需要与福建省各个市县的中学生竞争发表名额。我现在还记得那篇文章的内容。当时仙游县城有许多算命先生，通常都是盲人。由于眼睛看不见，他们很难谋生，因此对他们来说，算命就成了一个收入比较稳定的职业，至少比做盲人按摩师轻松。有一个算命先生和我关系不错，我经常在他没有生意的时候和他聊天，也经常在旁边看他算命，时间长了就发现了他算命时的一些规律。由于无法察言观色，因此盲人算命的关键在于提问——通过对方的回答来了解他们的家庭信息。而往往找他算命的人都是家庭遭遇不幸的妇女，因此能找到一些共同规律。了解这些情况之后，我就写了一篇文章，在文章里写出了算命先生的秘密。由于题材新颖，这篇文章成功发表在《中学生语文报》上。

　　这篇文章也影响了我的价值观。从那时起我开始相信科学，不相信没有科学依据的算命或者其他各种说法。因为相信科学，我喜欢辩论，经常对很多事情较真。用好听的话来说，我比较有批判性思维；用不好听的话来说，我的情商不够高，总想在辩论中获胜，而不管对方心情如何。直到今天，我仍然保持着这种性格。因此，我后来选择步入学者这条职业道路，其实是和我个人的性格密切相关的。毕竟，学者们关心的是科学真理，大多不擅于人情世故。

放弃保送，立志清华

高二的时候，我参加了全国中学生化学竞赛，获得了二等奖。我也因此收到了厦门大学的邀请，在高二暑假的时候去厦门大学参加化学夏令营。那年我十七岁，第一次走出仙游。到厦门大学参加夏令营的经历，令我大开眼界。我第一次看到了摩天大楼，第一次看到了红绿灯，厦门市区比仙游县城大了不知道多少倍——当时坐"1 路"公共汽车从火车站到厦门大学的路程时长都要半小时以上；而在当时的仙游县城，连公共汽车都没有，也没有红绿灯。我感觉自己像是刘姥姥进了大观园。厦门大学也非常大，比仙游县城都大；风景优美，依山傍海，可以说是全国风景最好的大学之一。我在厦门大学门口的白城沙滩，第一次看到了大海和沙滩。此外，厦门大学食堂里的饭也很好吃，给我印象最深的就是红烧肉。那时候，我第一次知道了城乡的差距有多大。

厦门大学的夏令营结营时有个考试，我的成绩不错，不久后收到了厦门大学化学系的保送通知书。化学专业是厦门大学的优势专业，而且厦门大学在福建省的教育水平首屈一指，厦门市也是福建省发展最好的城市之一。当时，很多同学都在劝我接受厦门大学的保送。对他们来说，这是求之不得的事情。不过，由于我小时候就立志将来要去北京读大学，最终没有接受厦门大学的保送，而是选择自己参加高考。

在中学六年的时间里，最令我印象深刻的事情就是高考。高考如同千军万马过独木桥，是影响大多数学生命运的因素之一。因为高一后成绩一直保持年级第一，所以我充满了雄心壮志。在拒绝厦门大学的保送之后，我给自己定下了目标：报考清华大学。为什么是清华大学？主要是因为当时一个比我高两届的仙游一中学长考上了清华，而且是全省第一！于是，他成了我的榜样，我也希望成为全省第一。今天，我也经常对学生们说，人生每个阶段都要有个高目标，这样就能激励自己努力前进。即便高目标无法实现，最终的结果也不会差很多。

高考时发生的一件事令我终生难忘。20世纪90年代初，仙游的考试风气不是很好。那时候，考场里没有监控设备，因此作弊现象严重。由于我是"尖子生"，高考时坐在我前后左右的几个考生都在频频偷看我的答案，监考老师由于是本地的老师，也不敢管。当时，我倒也看得很开，心想：你们爱抄就抄吧，只要不影响我考试就行。没想到的是，就在第一天上午，语文考试结束前大约三分钟，教室角落里突然有个考生冲到我的座位前，来看我的卷子。在他的带动之下，全班都骚动起来，许多考生也都冲到我的座位旁边看卷子。我当时吓得用双手紧紧地按着自己的考卷，生怕考卷被其他人抢破或抓破，那样我可能就没有考试分数了。还好，交卷的铃声很快就响起来了，我终于把完整的答卷交了上去，心里才长舒了一口气。

语文考试之后，我立即去找班主任和校长，希望获得他们的帮助。我告诉他们，如果考场秩序再这样混乱，我肯定考不好，更别说考全县甚至全省的状元，去上清华大学了。感谢班主任和校长的帮助，他们很快就把问题汇报上去了。在第一天下午进行数学考试时，来了一位省里的巡视员，一直站在教室里或者教室门口。在巡视员的帮助下，我顺利完成了高考。

1993 年的全国高考试卷非常难，考完后我预估了分数，发现自己的成绩只能在 560 分左右。当时的满分是 710 分。我大失所望，认为自己考不上清华了。高考分数公布时，我的分数是 567 分，和我的估分差不多。没想到的是，由于那一年的高考试卷非常难，567 分仍然是全县第一，也高出清华大学在福建 545 分的录取分数线 20 多分。最后我还是如愿考上了清华大学。

总结高中的学习经验，我认为最重要的是上课认真听讲，千万不要浪费上课的时间。因为一旦浪费上课的时间，课外再自学，需要花费更多的时间，只会事倍功半。

另外，一定要第一时间做完作业。从我小时候起，父亲就一直叮嘱我，先学习，写完作业再玩。只要作业做完了，想出去玩、想看小说都可以。"Work hard, play hard"这句英文描述的正是这种生活哲学。直到今天，踏上工作岗位这么多年后，我依然保持着这种习惯：先努力工作，再去玩。如果不努力工作，工作上没什么成就，这时候去娱乐的话，我会有娱乐的负罪感。先努力工作，你就获得了玩的资格，玩的时候心情也会很放松，觉得是在奖励自己。而这一点，没想到后来成为我攻读博士学位期间的重点研究内容之一：人们在付出努力之后，往往会觉得自己获得了享乐的权利（the right to indulge）。

那时候填报高考志愿是在公布成绩之前，每个考生报考一所大学时，可以填报四个不同的专业志愿。我的学长报的是电子工程系，清华大学的强势专业。对于第一志愿，我在电子工程系和自己更喜欢的经济管理学院之间犹豫不决。最后，我还是遵从了自己内心的声音，第一志愿选择了经济管理学院。我的第二志愿报的是计算机系，我觉得计算机是符合未来发展趋势的重点领域。高中时期全校只有几台计算机，我曾经参加学校的校队，学习了计算机 Basic 编程语言，并代表学校去莆田市参加 Basic 语言编程比赛。第三志愿我报了土木工程系。第四志愿是最不想去的水利工程系，因为我当时觉得这个系的学生毕业之后要去修水坝。

由于我的高考成绩并不算太理想——目标是全省第一，结果只考到全县第一，分数达不到清华大学前两个志愿的录取线，最后我被第三志愿，也就是清华大学的土木工程系录取了。当时的我悲喜交加。喜的是我是我们全县唯一被清华录取的学生，是全县的高考状元，获得了几千元的奖学金；悲的是我没有考上心仪的清华大学经济管理学院。所以，后来去清华报到时，我和班上其他新生的心情是不一样的。他们中很多人喜欢土木工程专业，因为它是清华大学的优势专业，历史非常悠久——清华大学在20世纪20年代就设立了土木工程系。所以许多同学到清华土木工程系入学报到时是兴高采烈的，但当时的我稍微有些不开心。我暗暗下定决心，一定要在大学里证明自己，想办法寻求机会学习经济管理。

高考之后的暑假，在各种同学聚会之中匆匆而过。由于我是全县的高考状元，全村人都为我骄傲，亲人们纷纷送上了红包和礼物以祝贺并帮助我上大学。尽管那时候大学的学费并不高，一年只需要四百元，但人们的收入也很低，父母每个月的收入只有一百元左右。对农村人来说，培养一个大学生更是非常吃力，这意味着在四年的大学时间里，不但孩子不能挣钱来分担家庭责任，家长还要付出每个月上百元的生活费，加上来回的路费，一年就要几千元，四年就要上万元，当时一万元已经可以在仙游县城买到地段不错的大房子了。

很快就到了清华大学入学报到的时间。父亲替我买好了从福州去北京的46次特快列车的车票。那也是我第一次去福建省省会福州。在仙游汽车站和母亲告别时，我看见母亲的泪水一直在她眼眶中打转。在福州火车站，父亲买了站台票送我到火车上，帮我把行李放在行李架上并整理好，然后下车站在站台上目送列车开走。当列车开始鸣笛并缓缓启动时，我看见父亲的眼眶也红了。那一刻，我也不禁流下了泪水。我再一次立志，到了清华大学后一定要努力学习，不辜负父母对我的爱和期望。

4

大学，从自卑到自强

入学清华，农村娃的自卑

第一次坐火车，我心里非常激动。一直到火车出了福建进了江西，我的心情才慢慢恢复了平静。那时候，尽管我坐的是特快列车，仍然要四十二个小时才能到北京，也就是说，我要在火车上度过两个夜晚。白天比较好过，窗外的风景非常美，都是我没有见过的地方；但是到了晚上，已经坐了一整天的我趴在桌子上睡觉确实难受。于是，我拿出父亲替我准备的草席，铺在座位下面的地上，躺在草席上睡觉。虽然看到别人投来异样的眼光，但我那时已经顾不上什么形象了。父亲对我说，他去海南参军的五年时间里，每次从海南回家探亲，也都要坐几十个小时的火车，他都用这个方法。尽管很多人会觉得在地上睡觉脏，但这样能确保自己在夜里睡个好觉。父亲告诉我，不用太在乎别人的看法，成大事者从来都是不拘小节的。

三十年前，大多数人还没有银行卡，而是用存折，存折不能通存通兑，因此，出远门只能带现金。我身上带着父母给我的几千元钱，这是父母前半辈子的积蓄，我感觉沉甸甸的。父母担心我从来没有出过远门，于是把几千元钱分为两部分，母亲将其中一部分专门用针线缝在了我的裤子里面，另一部分放进行李。那时候家里也没有钱买行李箱，我就用帆布袋装行李。由于行李放在行李架上，我就不时看着行李架，生怕有小偷来偷行李。

坐了三天的火车硬座，我终于抵达北京。尽管确实腰酸背痛，好在那时候十八岁的我年轻、身体好，下车时仍然精神抖擞。走出北京站的出站口，我看到整个广场上摇晃着各个大学接学生的旗帜。我转了一圈，终于找到了清华大学的旗帜，于是跑去报到。接站的老师和学长们非常热情，我就这样顺利坐上了清华大学的大巴车。

等大巴车坐满了人，车就启动了，开了大约一个小时才到达。那时候，清华门口是一条乡村公路，两边都是高高的白杨树。到了校门口，我们都下了车，在志愿者的指引下进入校门。我背着包，跟着志愿者走啊走，最后走到了大操场。在大操场上，我看到不同系的旗帜，很快找到了土木工程系的旗帜，顺利完成了报到。交了学费和住宿费，领到了学校分的床垫、床单和被子等床上用品后，我便由志愿者带着来到宿舍——清华大学 23 号楼 515 房间。

到了宿舍，我发现已经有好几个同学到了。经过互相介绍，我认识了同宿舍的几个室友。包括我在内，我们宿舍一共住了六个人，分别来自北京、湖北、安徽、江苏、福建和新疆。当时我就问来自新疆的同学，从新疆坐火车来北京要多久，没想到他说要七十二个小时。听到这儿，我突然觉得，自己只需要坐四十二个小时的火车，已经很幸福了！

我被分配到其中一个下铺，我的上铺是来自北京的同学，他是北京四中的高才生，也是我们班的首任班长。第一学期的班干部都是由班主任老师指定的，但从第二学期开始就会换届，进行民主选举。当时，我在心里也暗暗立志：我一定会竞选班长的！

当天晚上，全班就在清华第三教学楼的平台上举行了班会。全班一共三十二人，其中六个同学来自北京。更重要的是，全班只有七个女生。看来，愿意读土木工程系的女生确实不多，后来，我们每次对别人进行自我介绍时都会自嘲：我们来自清华土木系，所以又土又木！

除了北京的同学外，外地的同学大多数是坐火车来北京的，但有一个女生是坐飞机来的。当她进行自我介绍时，说自己是从广东惠州坐飞机来的，我们全班都轰动了。在那个年代，能坐飞机的同学家庭条件肯定很好。

不过，最让人震撼的还是北京本地的同学，有的北京同学直接开了一辆小汽车来报到。当然，除了北京的同学之外，也有许多同学来自上海、天津等国内其他大城市或者省会城市。他们在介绍自己来自哪里时，都充满了自豪。而我只是一个来自离北京两千公里远的福建的农村娃，心里充满了自卑。

让我更加自卑的是，这些来自大城市的同学不仅家庭条件优越，而且大多多才多艺。他们有的会弹钢琴，有的会熟练地在电脑上打字或进行其他各种操作。而来自小县城的我，在上大学之前只会一件事，那就是读书。我虽然见过电脑，但是根本不懂打字指法，只能非常尴尬地用一个指头戳着键盘打字。

出于自卑，我和同学之间的交往比较少。很多同学一起出去玩或聚餐，但我觉得自己的经济条件不如他们，就不敢去参加。现在回想起来，这或许是我大学生活中最大的遗憾。因为，上大学的意义并不是单纯地读书，还应该多去认识性格各异的优秀同学。例如，美国前总统小布什本科就读耶鲁大学时，虽然成绩并不算优秀，但他在大学里广交朋友，四年时间里结识了四千多名耶鲁在校生，这为他日后从政积累了重要的人脉。如果人生可以重来，我在清华读本科时除了仍然会努力学习之外，也一定会参加各种社群组织和俱乐部，以培养更多的兴趣爱好，认识更多优秀的同学。

不过，在清华的努力学习也让我收获颇多，进一步改变了自己的命运。我从仙游一中比我高两届考入清华的全省状元学长那里得知，清华本科前两年综合成绩排名排到全班前五名的学生，有机会攻读第二学士学位，包括企业管理、计算机、自动化等热门专业。因此，大一、大二两年我拼命努力学习，在班上名列前茅，顺利获得了攻读第二学士学位的机会。当时，我毫不犹豫就选择了心仪的企业管理作为第二学士学位。高考时，我因为没考好，没有被清华大学经济管理学院录取，但是这一次，靠自己的努力学习，我给自己赢得了第二次机会。努力真的有回报！

当时，我确实不太喜欢土木工程这个专业。有一件事至今仍令我印象深刻。1995 年，即大二的下学期时，全班有机会去参观正在修建中的北京西站。这是当时亚洲规模最大的火车站，非常宏伟！由于参观工地需要戴安全帽，因此我们看起来都像是施工工人。参观结束后，我们去北京当时最繁华的商场——位于建国门的赛特购物中心逛街。然而，在赛特购物中心的大门口，我们被保安拦了下来，因为我们戴着安全帽，保安以为我们是民工。直到今天，许多行业的工作人员仍然受到歧视，就像现在很多写字楼都不允许外卖员或者快递员进入。于是，当时的我就下定决心，将来要做些什么来改变这种情况。

大二的时候，我参加了班长竞选。不过，当时我获得的选票并不多，刚好过半。由此也可以看出，由于我平时和同学们的交流不多，班上还是有同学不太了解我。不过，也有超过一半的同学被我这个农村娃的真诚打动了。与我搭档的团支部书记是位女同学，她也来自离北京两千公里远的一个小地方，只不过我的家乡在东南地区，她的家乡在东北地区。我们俩的共同点是都很朴实，不懂交往，只会拼命努力学习。换句话说，那时候的我们都特别"土"。我记得，她在班上第一次见到别的女生使用口红时非常感兴趣，于是就拿过来看，但是那时候的她竟然不知道怎么打开——不知道需要旋转才能让口红出来，而是想用小拇指的指甲去抠藏在管子里的口红。这件事情，直到现在每次我们班聚会时，都还是引得大家哈哈大笑的美好回忆之一。

睡在我上铺的兄弟

回想起自己的大学生活，那时候我真的非常不懂人情世故。例如，我曾经和睡在我上铺的北京同学有过小摩擦。当时，他不仅担任班干部，还在学校的各种学生社团里参加活动，可以说他的大学生活是丰富多彩的。当然，这样也有代价，那就是他的时间不太够用。所以，他经常是教学楼和宿舍熄灯之后，才回到宿舍并开始学习。那时候，他经常在床上打开手电筒学习。然而，他在上铺学习不可避免会发出各种声音，令我和宿舍里的其他同学辗转反侧，无法入睡。有一次，我实在无法忍受了，又不好意思公开与他讲明，就打开手电筒写了一张小纸条，默默地递了上去。我在小纸条上写着："兄弟，能不能不要再在熄灯之后在床上学习，这样会影响大家睡觉。"没想到，他收到纸条之后仍然无动于衷，继续学习。大约五分钟之后，我又写了一张纸条递了上去："兄弟，如果你一定要学习的话，请你到外面楼道里学习吧，这样不影响大家睡觉。"这一次，他真的出去到楼道里学习了。

2023 年 4 月底的清华校庆，正好是我和全班同学入学三十周年，国内外的很多校友都回来欢聚。校庆日当晚，全班同学一起在全聚德聚餐，之后又去五道口的量贩式 KTV 唱歌，我上铺的兄弟也从美国硅谷赶回来。那天晚上，我们俩一起合唱了一首《睡在我上铺的兄弟》。兄弟对我说："不好意思，当年经常影响你睡觉。"我说："是我不好意思，当年太不懂事了。"不过，上下铺兄弟之间的感情，又岂是一点小摩擦就能影响了的？每次去硅谷的时候，我都会和他相聚，畅聊当年大学生活里各种好玩儿的事。他经常对我说："你当年给我的印象啊……"他还没说完，我们就哈哈大笑起来。

说到宿舍的故事，当时最好玩儿的一件事就是集体买电脑。1995 年前后的电脑操作系统已经从 DOS 指令过渡到了 Windows 95，电脑也从 386、486、586[①]时代过渡到英特尔的奔腾芯片时代。不过，那时候的电脑非常贵，基本上只有进口的，一台电脑要一两万元——这个价格可以在我的老家买一套房子了。那时候最流行"自己攒电脑"，也就是去中关村电子市场买主板、CPU、内存、硬盘、显卡、声卡、显示器、键盘和鼠标等，自行组装一台电

---

① 指电脑的 CPU（中央处理器）型号。——编者注

脑。我上铺的兄弟是北京人，高中就学会玩电脑了。他建议全宿舍一起集资"攒电脑"，这样大约只需要不到一万元就可以组装一台电脑。当时，我们宿舍有六个人，但是大家贫富差距较大，有一位同学家里比较有钱，学英语用的都是上千元的索尼Walkman随身听，而包括我在内的大多数同学则来自小县城或者农村，学英语用的是五十元一台的国产随身听。于是有人提议，由宿舍里最有钱的那位同学出资六千元获得电脑的所有权，我们其他五位同学每人出资六百元获得电脑的使用权，这样就可以凑齐九千元攒一台电脑了。在使用权的分配上，每人平均分配机时。大家都同意了这个方案。钱凑齐之后，北京同学带着我们全宿舍一起去中关村电子市场买各种电脑配件，很快就组装好了我们的电脑。直到大学毕业，那台电脑一直陪伴着我们宿舍的人。后来，由于国产电脑的崛起，电脑很快就大幅降价，等到我们毕业时，那台电脑已经不值钱了。当时出了六千元获得所有权的同学确实亏了，但是我们每个人都很感激他。

第二次机会

大三的时候，我如愿开始攻读企业管理的第二学士学位。与此同时，我仍然需要完成第一学位的学习。这意味着我的课程量将是大多数同学的两倍。但是，不付出比别人更多的努力，又怎么能收获更多？那时候，清华的本科学制还是五年。大五的时候，我顺利本科毕业，并拿到了土木工程的工学和企业管理的经济学两个学士学位。回想起来，当时的辛苦无疑是值得的。因为如果没有这个第二学士学位，我就不会是现在的我。

由于读了两个学士学位，我的本科毕业论文是两个学士学位的联合论文。结合我在土木工程系和经济管理学院学到的知识，我把论文题目定为《房地产定价方法与策略》。那时候，我其实对"学术"这个词是不太了解的，不敢说有所谓的学术素养。能写出这篇还比较令人满意的论文，除了得益于小时候就开始培养的写作能力之外，更因为我对经济管理知识和经济数据感兴趣。文章中用到的数据来自我实习过的一家单位，一家房地产中介公司。很多人都知道，在同一个房地产项目里，不同楼的定价是不一样的。即使在同一栋楼里，每一层楼的定价也是不一样的（一般楼层越高，定价越高；还有些特殊楼层比如第三层、第四层、第十三层、第十四层定价相对较低，因为人们不喜欢这些"不吉利"的数字）。此外，即使在同一栋楼的同一层，不同户型的定价也是不一样的（朝南的户型一般比朝北的户型更贵）。那时候，房地产改革刚开始，很多房地产都是拍脑袋随机定价或者凭经验定价，缺乏对数学模型的研究。于是，我在毕业论文中设计了一个数学模型，对收集到的房地产楼盘定价数据进行回归分析。分析结果显示，我的数学模型可以完美匹配这些数据。新的房地产开发商如果不清楚各个楼盘、各个楼层、各种户型该如何定价，可以用我的数学模型来模拟定价。这篇论文最后还被我的导师用在他编写的教材里，成为教材的一章。这是我人生中第一次接触学术研究。

在清华读本科的最后一年，我印象最深的事情就是参加推荐免试研究生（简称推研）的选拔。按照在班上综合成绩的排名，我获得了清华大学经济管理学院研究生的免试推荐名额。不过，我当时报名的不是普通的研究生班，而是清华大学和麻省理工学院（MIT）联合培养的国际工商管理硕士（MBA）。一般来说，工商管理硕士项目只招收有至少三年工作经验的人，不招收本科应届毕业生。但幸运的是，那一年，经济管理学院决定给清华校内的本科毕业生九个特殊保送名额，不仅免除我们高达六万元的学费，而且还按照研究生待遇每个月发给我们二百多元的研究生补助。这个特殊保送项目一公布，我就去申请了。竞争确实非常激烈，想要入选的学生不仅要在原来所在的系和班级排名靠前，还要通过经济管理学院领导的亲自面试。

1998 年的那一次面试，我至今都印象深刻。那时候，清华大学经济管理学院的院长是时任国务院总理朱镕基，面试我们的则是主持日常工作的常务副院长赵纯钧教授。就在我快完成面试、自我感觉不错时，赵纯钧院长突然问道："国际工商管理硕士项目的许多课程是英文讲授的，对英文要求比较高，你能用英语和我简单对话吗？"英文口语不好的我只好磕磕巴巴地与他进行了对话。尽管最终我幸运地被录取了，但正是那一次面试让我知道了自己的短板——英语考试成绩很好，但口语不行。我一定要提高英语口语能力！

于是，在向学长咨询了如何提高英语口语之后，我就按照学长的建议，跑去北京最著名的英语角——中国人民大学（简称人大）英语角锻炼自己了。第一次去的时候，我就被震撼了：清华也有英语角，但是人不多，只有几十人，大多是男生；没想到人大英语角居然有几百人，大多是人大、北大的学生，比清华英语角的人多很多，女生也很多。在这里，我和多个学生聊了天，自己对说英语也从害怕变成了感兴趣。后来，我就坚持每周五参加人大英语角的活动。几个月之后，我也能讲一口流利的英语了。

创业计划大赛

大五的时候理论课程变少了，我也就有大量的时间参加各种课外活动。1998年的清华大学学生创业计划大赛使我记忆犹新。这次创业大赛不仅是清华举办的第一届创业计划大赛，在全国乃至全亚洲的高校，也是首次举办。

　　清华为什么要举办这次创业计划大赛呢？原来，这是受到麻省理工学院的启发。从 1990 年起，麻省理工学院每年都会举办一届"五万美元创业计划大赛"（MIT $50K Entrepreneurship Competition），带动大量的学生创业，也帮助麻省理工学院把科研成果转化为生产力。麻省理工学院的科研成就早就广为人知。到目前为止，它已培养了九十多位诺贝尔奖获得者。但大多数人不知道的是，麻省理工学院对科技产业的影响力有多大。2009 年，美国考夫曼基金会（Kauffman Foundation）发布了一份专门针对麻省理工学院创新创业的调研报告。这份历时六年的调研报告显示：全世界以麻省理工学院技术为依托的公司共有两万五千八百家，并且还在以每年数百家的速度增加。2009 年，麻省理工学院校友公司共创造了超过两万亿美元的年产值，如果这些公司组成一个独立的经济实体，可在世界上位列第十一位。

　　在受到麻省理工学院学生创业计划大赛的启发后，1998 年，清华也开始举办学生创业计划大赛。第一名的奖金没有麻省理工学院的那么多，只有一万元人民币，但在当时已经是不小的数目。我和其他几位攻读第二学士学位的同学在清华校园内一个名为"大学生之家"的地方吃砂锅米粉，一边吃一边讨论是否一起组队参加创业计划大赛，运气好的话，或许我们能获得第一名和一万元奖金。

　　那时候，我们几个攻读第二学士学位的同学都已经获得了校内保送读研究生的资格。由于没有升学压力，我们决定参加这个创业计划大赛，正好实践一下平时所学的知识。

创业的第一步是要找到消费者未被满足的需求，并且根据这个需求开发出别人没有做过的产品或服务。第二步是确定这个产品的市场需求有多大，当然，这个需求最好比较大。这是我在第二学士学位市场营销课上学到的核心要点。根据这两个原则，经过一番讨论，我们觉得家用电器这个行业不错——家家户户都需要。20世纪90年代正好是家电行业在中国的黄金时代。我印象中，90年代初，父母买了第一台家电——黑白电视机，后来又买了洗衣机。到90年代末，家里才换了彩色电视机并买了电冰箱。

1998年，大多数城镇家庭里都有了"三大件"——彩色电视机、电冰箱、洗衣机。那么，人们还有什么需求未被满足呢？这时候，我们想到了一个当时市场上还没有出现的家用电器：洗菜机。其实，洗菜机这个产品直到现在也未在所有家庭普及。早在1998年，也就是20多年前，我们就想到了这个创意。就像洗衣机免去了许多家庭洗衣服的辛苦，如果能有一台洗菜机，许多家庭就不用再辛苦洗菜了。这个创意得到了全体队员的一致赞同，大家都非常兴奋！

随着讨论的进一步深入，我们又发现了一个消费者买菜时的痛点：蔬菜和瓜果等农产品上的农药残留问题。

讨论之后我们决定，这款洗菜机必须要有去除农药的功能。

那么，如何去除农药呢？尽管我们这些学生对此一无所知，但是清华是个以理工科见长的大学，有许多专家教授，我们一定能找到答案。我们找到了一位清华大学的老教授，向他请教如何才能去除农药残留。老教授建议我们用臭氧，因为臭氧具有强氧化性，可以把农药残留氧化分解，令人兴奋的是，这位教授还有一个如何产生臭氧的发明专利。

这次谈话给了我们极大的启发。我们决定利用臭氧去除农药残留。老教授的专利也启发了我们，我们也可以为有去除农药功能的洗菜机申请专利。尽管我们几个本科生都不知道怎么申请专利，但老教授给了我们极大的帮助。他建议我们去找清华大学专利申请事务所寻求专业帮助，校内几乎所有教授的专利都是通过这家事务所申请的。听到这儿，我们大喜过望，马上与这家事务所进行了联系。在事务所的指导下，我们设计出了洗菜机的原型，还画出了设计图，洗菜机带有喷水口以及一个臭氧制造装置。臭氧的强氧化性可以破坏农药的化学键，使农药失去药性，同时杀灭蔬菜瓜果表面的各种细菌和病毒，达到消毒杀菌的目的。我们成功撰写并递交了"瓜果蔬菜去毒洗涤机"的实用新型专利申请书。

这份专利申请书让我们对赢得创业计划大赛的信心大增。不过，我们知道其他团队也非常优秀，因此，我们决定再加点儿重磅筹码——进行市场调研。在第二学士学位的市场营销课堂上，我们学习到了市场调研的重要性。如果不进行市场调研，很多产品可能只是研发人员脑袋里的伪需求，而不是市场上消费者的真实需求。我们决定去做问卷调查，大约需要发放五百份问卷。为了吸引人们填写问卷，我们需要赠送清华纪念品作为感谢。但不论是打印问卷，还是送样本礼物，都需要钱，我们几个本科生都没有钱，怎么办？

这时候，我们决定找校友帮忙。当时，亚都加湿器的一位清华学长听到我们的创业计划项目之后，决定资助我们一万元。有了这笔钱，我们非常顺利地打印了问卷，购买了清华的纪念品，几个队员分别去北京的双安商场、当代商城等地发放问卷。收到几百份填好的问卷之后，我们进行了统计分析。令我们开心的是，市场调研的结果非常支持我们，消费者对我们的"瓜果蔬菜去毒洗涤机"这个创意非常感兴趣，购买意向也很强！

有了专利申请书和市场调研结果这两个"武器"，再加上团队的精心准备，我们最终赢得了第一届清华大学学生创业计划大赛的一等奖，获得了一万元奖金，《人民日报》等国内媒体还对我们进行了采访报道。这次创业计划大赛的经历，坚定了我的一个人生信念：只要有梦想，一切皆有可能！后来，我还把这句话写到了自己的简历上——尽管通常来说，简历上是不会展示人生信念的。但是，为什么不呢？只有这样，才能让别人知道我的与众不同。

今天，作为一名营销学者，再次回忆起当年参加创业计划大赛的经历，我们能获得第一名归功于两方面的努力：一是技术创新上的准备，我们当时确定研发一个市场上不存在的新产品——洗菜机，并且用臭氧去除农药残留，还申请了专利（这真的有较大的创新）；二是市场营销上的准备，我们做了市场调研，包括设计并去各大商场发放几百份问卷，以及回收问卷进行数据分析。这两件事，正好与"现代管理学之父"彼得·德鲁克的经典思想一致："营销和创新是任何企业有且只有的两大基本职能。"那时候我们年纪尚轻，没有创业的经验，也不知道德鲁克，没想到却误打误撞做了与德鲁克思想一致的这两件事。回想起来，真是不可思议。

创业计划大赛结束一年后，我们的专利申请真的获得了国家知识产权局的批准！ 不过，当时我们团队成员大都准备出国读博，所以便一致决定不再花钱继续维持专利。然而，没有想到的是，多年之后的 2006 年——那时候我刚刚从哥伦比亚大学（简称哥大）毕业并在纽约的一所大学任教，有一天我在纽约街头的一家电器精品店尖端印象（Sharper Image）里看到了一台设计精良的洗菜机，品牌名是莲花牌，售价大约二百美元，生产商是加拿大的一家公司。更加震撼我的是，这台洗菜机旁边还有一块牌子，上面写着"2006 年《时代》杂志年度最佳发明"。我激动地拍照发给当时参加创业计划大赛的小伙伴们，大家都感叹我们当时失去了一个成为亿万富翁的机会！

不过，后来回国任教并接触到大量企业家之后我才发现，创业要想成功，最重要的并非具有产品创意，而是坚持。虽然我们可能是世界上最早想到洗菜机这个产品创意的团队之一，并且设计出了原型、申请了专利，但当时作为即将本科毕业的大学生，我们根本不懂供应链，没有条件做研发，也没有资金来源。我们大概率很难进一步做出质量好的产品，更不用说建立渠道和进行市场销售了。后来，我也经常把自己的这段经历在清华的课堂上与企业家、创业者学生们分享，鼓励他们勇于追求自己的创业梦想，并且一定要长期坚持，只有这样才有可能获得成功！

那一次创业计划大赛的经历，也让我更加了解自己的性格和兴趣。我对创业是感兴趣的。中国有句俗语："三岁看小，七岁看老。"也就是说，小时候做的事情其实会影响我们成年以后的发展。尽管我后来选择了研究的道路，但我一直也在用营销等商学院的专业知识帮助企业家和创业者们。可以说，创业的血液一直在我身上流淌着。

5

清华毕业，路在何方

READING

三重选择

即将本科毕业时，我获得了校内的保研资格，成功被清华大学、麻省理工学院联合办学的国际工商管理硕士项目录取。但那时候的我开始思考两年后的安排了。研究生毕业后，我想做什么工作？我自己究竟适合做什么工作？

小时候，我最喜欢读的一本书是《三国演义》，读了不下几十遍，最喜欢的是刘备带领"兄弟"们建立蜀国的故事。因此，小时候我的梦想是将来也能成为一名国家领导人，把中国建成富强的国家。

怀揣着这份梦想，我在清华大学本科五年级上学期的时候，就开始去国家部委找实习工作。我的导师推荐我去了当时的建设部（现已改名为住房和城乡建设部，简称住建部）住宅与房地产业司。那时我感觉自己离理想非常近。每天一大早从清华出发，沿着中关村大街骑行一小时去位于三里河的建设部上班，心里激情满满。那时候的中关村大街不像现在这么繁华，甚至连路名也不叫中关村大街，而是白颐路（连接白石桥和颐和园）。不久后，随着中关村的发展，白颐路才改名为中关村大街。

在最初的激情褪去后，我很快就发现自己根本不适合这份工作。首先，当时我的工作根本用不上我所学的专业；其次，在政府部门工作，情商比智商重要，而我又比较有个性，不擅长处理人际关系。因此，在建设部住宅与房地产业司实习了半年后，我决定离开。

离开了政府机关，我想去企业实习，了解企业是如何运作的。我的导师推荐我去了他同学经营的房地产中介顾问公司。这是一家民营企业，当时规模不大，仅有二十名员工。在这里实习的几个月里，我的专业知识得到了非常好的应用，毕业论文的数据就是在这家公司获得的。因此，我很感谢这家公司给我的实习机会。

不过，在这家公司工作了几个月之后，由于没有实习工资，我还是选择离开了。即将本科毕业的我觉得自己已经长大成人，决定不再靠父母的钱生活——我一定得自己养活自己。

入职摩托罗拉

结束了第二份实习工作，我决定自己寻找第三份实习工作。

于是，我开始留意各种工作机会。在报纸广告上看到摩托罗公司招实习生，我立刻投了简历并得到了面试机会。当时，摩托罗拉公司正处在发展巅峰时期，其寻呼机市场非常火爆，"大哥大"手机更是身份和地位的象征。那时中国电信行业的收费非常高，预装电话需要收取几千元，大部分人主要靠寻呼机保持联系。比如，别人拨打我的寻呼机号码，我会在寻呼机上收到一条信息（当时，没有钱的我只能买一台数字寻呼机，只能显示来电号码），我必须就近找一台电话（那时候，街上有许多收费的公用电话）打回去。而我的那些有钱同学买的汉显寻呼机，则可以显示汉字留言（类似于后来手机上的短信功能），知道是谁找他，以及因什么事情找他。回电时，我的第一句话往往是："请问您是哪位？刚才我收到这个呼叫，现在给您回电。"汉显寻呼机要比数字寻呼机贵得多，一台售价大几千元甚至近万元。而摩托罗拉的"大哥大"手机就更贵了，一台售价好几万元。

当时摩托罗拉公司业绩非常出色，因此我非常想去见识一下。面试我的是个美国人，名叫斯考特，是一名毕业于斯坦福大学的工商管理硕士研究生。面试时，我们聊得很开心。因为我有清华大学的双学位，成绩在班上也是名列前茅，还有在政府部门和其他企业的实习经历。所以对方当即表示愿意录取我。

我满怀着兴奋的心情等了几天，却迟迟没有等到录取信。于是，耐不住性子的我发电子邮件询问为什么没有给我录取信。斯考特回信说："对不起，我后来还面试了别的候选人，这个工作最终给了另外一个更合适的人选，她是人民大学市场调研方向的研究生，比你更适合这份工作。"看到回信，我气愤至极，当即回复了邮件："我非常遗憾接到这个消息。可以说，你犯了一个大错误，因为你错过了中国最好的大学里一位最好的学生。"

现在回想起来，当年的自己确实太年少轻狂了，居然写了这样狂妄傲慢而且无礼的邮件。没想到，在我发出这封邮件之后，很快就得到了斯考特的回信，只有短短的一句"Please be humble"。令我羞愧的是，查了词典之后，我才知道"humble"是"谦卑"的意思。对方发给我邮件是告诉我要谦卑一些。

这封回信让我羞愧难当，也给了我一个教训，我意识到山外有山、人外有人，自己并没有那么优秀。让我更加没有想到的是，尽管我在邮件中非常不礼貌，但对方仍然愿意为我寻找更适合我的实习机会。最终，我真的得到了摩托罗拉的录取信。

1998年的暑假，刚刚本科毕业的我开始了在摩托罗拉公司的实习。这份工作让我非常满意。那个时候摩托罗拉几乎垄断了中国的寻呼机和"大哥大"手机市场，摩托罗拉公司的办公条件也很好，在以中国国际贸易中心（简称国贸中心）为中心的CBD（中央商务区）区域租下了一整栋写字楼，比现在许多写字楼的条件还要好。而且，那时候摩托罗拉公司每天提供免费的自助餐，早中晚三餐随便吃，还提供十几条路线的班车接送服务——我再也不用辛苦挤地铁或公共汽车了。

可是在摩托罗拉工作了一段时间之后，我又发现了一个问题：摩托罗拉公司大中华区的高管里没有中国人，基本上都是外国人。我的老板斯考特的职务是高级营销经理（Senior Marketing Manager），他是斯坦福大学商学院的工商管理硕士；而斯考特的老板威廉是大中华区的营销总监（Marketing Director），是哈佛大学商学院的工商管理硕士。和这两位毕业于世界级名校的人一起工作，我又开始自卑了，我下定决心出国求学：为了让自己变得更好，我一定要去世界名校的商学院攻读一个工商管理博士学位！

选择读博

选择读博也有另外一个重要原因，那就是当时美国各大名校的博士学位项目不收学费，还提供奖学金——足够覆盖博士生的生活费。以我当时的家庭条件来说，要想出国留学深造，读博士也是我唯一的选择。

出国求学的第一项准备工作就是应对英语考试，包括GRE（研究生入学考试）和托福考试。研究生一年级，我每天刻苦背单词，开始准备GRE和托福考试。那时候，我突然明白了为什么本科睡在我上铺的北京同学在大一时就开始背单词。我当时曾经问过他：

"你这是在背什么啊？"他告诉我是"托福单词"。当时大一的我从来没听过"托福"两个字，愣是没明白。在他告诉我他在准备出国必需的英语考试时，我仍然无法理解地说："为什么要出国？"现在回想起来，确实，家庭背景对人的影响极大。出身农村的我当时无法理解他为什么大一时就决定出国读研究生。与我同宿舍的这位北京同学在清华本科毕业之后，顺利去了麻省理工学院攻读硕士学位。而我比他晚了五年才有出国的意识，我到研究生一年级的时候才决定出去看看这个世界，并更好地回报祖国。

其实，大多数人都是如此，99%的人不知道"自己不知道"。很多人都有改变世界的雄心壮志，可是，如果连世界都没见过，又如何改变世界？如果我们来看一下近代中国的发展，就会发现出国留学人员的贡献极大。从孙中山到周恩来、邓小平等，许多都是留学回国人员。1913年10月，欧美同学会在北京成立，顾维钧、周诒春、詹天佑、蔡元培等知名海归成为创立者和早期会员。在过去的一百多年里，留学回国人员为中华民族的崛起做出了巨大的贡献。

最近，我开通了一个新的视频号"清华郑毓煌讲教育"，目的也是希望能够让更多的孩子了解他们学习地之外的中国和世界。中国在改革开放后的四十多年时间里得以快速发展，成为世界第二大经济体，人均GDP（国内生产总值）突破了一万美元，人们的生活水平得到大幅提高。然而，我们应该清楚地认识到，我们的人均 GDP 离发达国家的标准还很远。因此，改革开放对中国的意义极其重大。

让我们说回研究生时期的英语学习。当时，我出国留学的志向已定。为了让自己获得更好的 GRE、GMAT（经企管理研究生入学考试）和托福考试成绩，我报了新东方的英语培训班。那时新东方创始人俞敏洪的教培事业刚刚起步。我到现在还记得，他在北四环租了一间破旧的教室，教室里坐了近千名学员，并请了多位年轻的老师教我们背单词。新东方的老师们似乎从一开始就自成一派，教学风格独特，给我上课的老师也是。我记得有位老师讲解单词时会穿插各种小故事，语言极其幽默，经常惹得全班几百人哈哈大笑。最终，功夫不负有心人，在辛苦准备了一年之后，我的 GRE、GMAT 和托福考试都考得不错，还获得了当时新东方为高分学员提供的奖学金。当时，我给新东方交了四百元的培训费，最后竟然获得了一千元的奖学金！从这个意义上说，我在新东方学习，不仅学到了英语，还赚到了钱！

当时我们每个出国留学的人，都应该感谢创办了新东方的俞敏洪。俞敏洪也是一个因读书改变了命运的人。他出身农村，参加了三次高考才考上北京大学。由于基础较差，考进北大的俞敏洪非常自卑，成绩在班上倒数，也几乎没有朋友。毕业之后，俞敏洪留在北京大学当老师，过了两年平淡的生活。随后，中国出现留学热潮，俞敏洪也萌生了出国的想法。他去考了托福，取得高分，还努力存钱为出国做准备。但在之后的两年，因美国对中国留学政策收紧，中国赴美留学人数大减，而他在北大的学习成绩并不算优秀，故他赴美留学的梦想在努力了三年半后付诸东流，还失去了所有的积蓄。后来，他白天在北大教书，晚上就出去授课赚取生活费。此时中国进入 20 世纪 90 年代，出国人群英语培训需求很大。1993 年，俞敏洪开始创业。在北京中关村一间破旧的办公室里，俞敏洪创办了新东方学校。那时候，为了招生，俞敏洪骑着自行车，拎着糨糊桶，在零下十几度的冬夜里到处贴小广告。最终，俞敏洪凭借自己的胆识和努力，成功带领新东方在美国上市。

我非常钦佩俞敏洪。他敢于挑战规则并创业，带领新东方取得了辉煌的成绩。2021 年，由于政策的调整，新东方面临很大困难，俞敏洪凭借他顽强的精神，让新东方起死回生。俞敏洪也因为这件事，再次成为很多人心中的偶像。在我回清华任教后，我接触过大量的企业家学生。我发现他们身上都有着俞敏洪的这种特质——敢于冒险，突破规则。循规蹈矩的人获得成功的可能性是非常有限的，因为他们总是追随别人的脚步，没有勇气做别人没有做过的事情。所以，我希望读到这本书的你，也一定要有勇气，敢于冒险，突破自己。只有这样，你才能获得更大的成功！

穷学生如何联系上宝洁总裁

想要出国读博士，除了要通过 GRE、GMAT、托福等英语考试，还要有三封有分量的推荐信。我就读的工商管理硕士是清华大学和麻省理工学院联合培养的项目，所以有很多国外顶级商学院（如哈佛商学院、沃顿商学院等）的教授为我们上课。当时，来自沃顿商学院的著名教授马歇尔·梅尔的上课内容和个人气势深深震撼了我（多年之后，有一次在新西兰参加学术会议时，我又碰到了他。进一步深聊之后，我才知道他和海尔公司有长期合作，是张瑞敏的长期顾问）。当时我非常崇拜梅尔教授，心想，如果能邀请他帮我写推荐信，我申请美国名校博士的胜算肯定会增加。

我主动找到梅尔教授，对他说："我特别喜欢您的课，也很喜欢您的研究，我目前正在申请美国名校商学院的博士，不知您是否可以给我写一封推荐信？"梅尔教授说："我虽然是你的老师，但是我对你还不够了解，原则上我不能给你写推荐信。但是我觉得你非常真诚，是真的想获得我的推荐信。现在我给你一个机会，你帮我做一件事。这件事如果你能做到，我就给你写推荐信。"

听到这里我特别开心，赶紧追问是什么事，并表示我一定会尽最大努力做到。梅尔教授说："我现在正在写企业的案例。我对美国的一家大公司、也是《财富》世界500强之一的企业宝洁（P&G）很感兴趣，想写一个名为'宝洁公司在中国'的案例。因此，我需要接触宝洁公司大中华区的高层并去采访他们。但是，我不认识宝洁大中华区的高层，想请你帮我联系宝洁大中华区的总裁。只要你能帮我联系到总裁，我就一定给你写推荐信。"听到这儿，我真是欲哭无泪：我只是一个默默无闻的穷学生，怎么可能联系到世界500强企业的大中华区总裁？

不过事已至此，自己答应下来的事，硬着头皮也要去做。刚开始我真的是焦头烂额，一点办法也没有。后来我突然想到，清华有如此强大的校友网络，一定有去宝洁公司工作的师兄师姐。于是，我去问上一届的师兄师姐有没有谁在宝洁公司工作，果然被我找到了。但是这位在宝洁公司工作的师姐也只是刚刚入职一年的普通职员，不可能接触到总裁。于是，我就冒昧地问师姐能否帮我在宝洁公司内部系统上找一找总裁的电子邮箱。师姐回答说，这种行为涉嫌盗窃公司机密信息，不太合适。不过，师姐后来还是尽力帮到了我。她告诉我，宝洁公司将在北京举办一场隆重的新闻发布会，地点在人民大会堂，大中华区总裁会到发布会现场演讲。师姐说："我可以给你一张入场券，这已经是尽我最大所能了。但是，你能不能抓住机会和总裁说上话，就看你自己的了。"

新闻发布会当天，我穿上自己最好的衣服（一套西服），早早到了人民大会堂，凭入场券进了会场。这是我第二次进入人民大会堂。我在清华读本科的班级非常优秀，曾经获得过"全国优秀班集体"的荣誉。因此，全班一起去过人民大会堂接受国家领导人的亲自颁奖。这次再来人民大会堂，多亏了师姐的帮忙。

宝洁公司大中华区总裁果然出席了发布会。他是个希腊人，名字特别长，我已经不记得了。总裁演讲时，我就一直盯着他，思考着如何才能跟他说上话。思考后我得出结论，只能等他演讲结束后，抓住机会冲上去。所以，当总裁结束演讲正要往外走时，我一个箭步冲了上去，用英语跟他说："我是清华大学的学生，有位沃顿商学院的教授来我们清华上课，他想写一个关于'宝洁公司在中国'的案例，请问可以跟您联系吗？"当时，我几乎是脱口而出这番话，说得并不十分流利，所幸总裁听懂了。没想到总裁非常友好地从他的西装口袋里拿出一张名片，然后说："没问题，这是我的名片，你给这位教授，他可以直接写邮件联系我。"

我拿着这张名片如获至宝，没想到原本我认为不可能完成的任务，最后居然真的被我完成了！我把名片拿给梅尔教授后，他对我非常赞赏，也认可了我的能力，答应给我写推荐信。1999 年我申请博士时，所有的申请材料还都是纸质版的。当时我申请了美国排名前二十位的大多数商学院，再加上一两所排名在三十至五十的商学院作为保底。当我把大约二十个学校的推荐信表格打印出来给梅尔教授时，我有些担心，毕竟他不仅要签二十次名字，还需要填写二十份推荐表。没想到最后梅尔教授不厌其烦地为我写了这二十封推荐信。

不仅如此，梅尔教授在推荐信里对我的评价也超出我的预期。这里还有个小故事。那时候的推荐信是纸质版且要装在信封里，信封封口不仅要用胶水粘起来，推荐人还要骑缝签名，也就是说，若目标院校之外的人拆开信封，推荐信就会失效。由于我不清楚梅尔教授对我的评价究竟如何，担心万一评价不高，就会影响我的博士申请结果。于是，"以小人之心，度君子之腹"的我决定拆开一封推荐信一探究竟——大不了最不想去的那所学校不申请了。结果，拆开粘好的信封后，我非常羞愧，没想到梅尔教授给我的评价非常高。推荐信里对学生的评价分为四个等级：50%（平均）、80%（良好）、90%（优秀）、95%（极其优秀）。梅尔教授不仅选择了"95%（极其优秀）"，还画了个向右的箭头，表示比"极其优秀"还要优秀。

感谢梅尔教授的鼎力推荐，让我后来顺利拿到了多个顶尖商学院的博士项目录取通知书。争取到梅尔教授推荐信的过程也给了我极大的自信心。让我再次相信：只要敢于梦想，一切皆有可能。

三封推荐信

帮助我获得顶级商学院录取通知书的除了沃顿商学院的马歇尔·梅尔教授，还有两位重磅人物。他们也给我写了推荐信，其中一位是康柏（Compaq）电脑公司大中华区总裁俞新昌博士。

康柏电脑公司创立于 1982 年，并早在 1983 年就推出了兼具便携性与兼容性的笔记本电脑——应该算得上是当今笔记本电脑的鼻祖了。康柏电脑公司创立不久发展飞速，并于 1985 年在美国纽约证券交易所成功上市，1986 年进入《财富》世界 500 强，创造了当年的奇迹。

1999 年夏天，在清华大学和麻省理工学院联合培养的工商管理硕士项目一年级暑假开始时，我已经顺利完成了所有出国留学申请博士所需要的英语考试，所以也就有了充足的时间去寻找实习工作。因为我的履历不错，既是清华大学和麻省理工学院联合培养的工商管理硕士，同时也拥有清华大学的两个学士学位，还有在《财富》世界 500 强企业摩托罗拉公司工作的经验，因此，我很顺利地申请到了在康柏电脑公司大中华区的实习机会。

康柏电脑公司大中华区当时的总部位于北京市朝阳区的丰联广场，旁边就是外交部。公司的办公条件非常好，入职就给了我一台超薄的笔记本电脑。不过与之前实习工作过的摩托罗拉公司不同，康柏公司没有内部的自助餐厅，也没有接送员工上下班的免费大巴。

所以，我遇到的第一个问题就是吃饭。当时，丰联广场写字楼里有个商场，里面有各种各样的餐厅，楼上是高档餐厅，地下一层则是便宜一些的食堂。为了省钱，我一般都去食堂吃，十块钱就能解决一顿午餐。有一天，我的老板叫我与他们领导层一起去吃午餐。老板的名字叫作保罗，是香港人，他带着我去了楼上的一家面馆。吃完之后，大家 AA 结账，我发现一碗面的价格居然高达五十元！在 1999 年，这个价格的午饭对我来说简直是奢侈品。结账的时候，我感到"心在滴血"，这一碗面条花掉了我一周的餐费。那次之后，我再也不跟老板一起吃饭了。

在康柏公司，我遇到的第二个问题就是上下班交通问题。康柏公司的所在地朝阳门离清华很远，公司没有班车，我每天坐公交车换乘地铁上下班。那时候，北京只有两条地铁线——1 号线和 2 号线。我从清华大学到朝阳门需要先乘坐 375 路公共汽车到西直门，然后再换乘地铁 2 号线。当时因为地铁线路少，公共汽车上经常十分拥挤，这对于要西装革履去上班的我来说是个挑战。无奈之下，我决定多花点儿钱乘坐中巴车。这种中巴车由私人承包，乘客较少，保证每个人都有座位，人多时就在过道里摆上小板凳加座位。于是，我每天先乘中巴车到西直门，再换乘地铁 2 号线到公司，全程大约需要九十分钟，每天要花三个小时往返，非常辛苦。康柏公司为了鼓励员工加班，也制定了一个政策：加班到晚上九点以后下班的员工，可以报销回家的出租车费用及晚餐费用。于是，为了不挤地铁，我就经常加班到晚上九点后才下班。这样虽然节约了餐费，但回到清华宿舍基本是晚上十点以后了。所以那段时间，我都是冲个冷水澡倒头就睡，第二天早上六点左右，我就又得起床了。

有一天，深受通勤之苦的我突然想，与其每天那么晚回到清华宿舍，其实也只是睡觉，不如就不回去，在公司睡觉好了，这样可以节约大量的通勤时间。当时，康柏公司有一个很大的独立休息室，里面有许多沙发；而我在清华读研究生时的宿舍是四个人一间，睡的是上下铺，其实相比而言，条件不一定比康柏那个休息室更好。在和其他几个实习小伙伴沟通之后，大家一致觉得这个主意不错。于是，我们几个实习生决定在公司休息室的沙发上睡觉，不回宿舍了。第二天，我们醒过来后，就去公司的洗手间洗漱。没想到，到了上班时间，人力资源部的同事找到了我们，询问我们昨天晚上是不是没回去、在公司休息室过夜，并告诫我们这么做是违反公司规定的。虽然是不知道公司有规定才犯下这样的错误，算是无心之过，但我仍然觉得很羞愧。

在康柏公司实习期间，还有一个小插曲。当时我们部门要去上海开会，康柏公司的上海办公室位于浦东陆家嘴的金茂大厦，这是当时中国最高的写字楼。我之前没有去过上海，更没有见过金茂大厦。这次出差对我来说特别有诱惑力。同时，在这次出差中，我将第一次体验坐飞机，心中对这次难得的出差充满了期待。

因为不知道怎么坐飞机，我就去问老板："请问怎么坐飞机，是跟您一起走吗？"老板回答说："你自己找秘书买机票，干吗跟我一起走？大家只要在规定时间到上海参会即可。"我这才明白，对于同一出差任务，不一定所有人坐同一个航班。于是，我就去找秘书买机票。拿到机票后，我打车来到北京首都国际机场，看到那么大的航站楼，真的是大开眼界。办理了乘机手续后，我顺利过了安检，登上了飞机。

第一次坐飞机的我，对一切都充满好奇。在高空飞行时，我看着窗外的云朵，心里无比感叹，觉得自己就像孙悟空一样腾云驾雾。那一天，我还第一次吃了飞机餐。虽然现在大家都不愿意吃飞机餐，但那天当我吃到飞机餐时，感觉简直可以媲美小时候吃的第一包方便面——无比美味。美丽的空姐们以及她们非常礼貌的态度，也让我感到温暖。

到上海后，我乘坐出租车去浦东陆家嘴的酒店，看到整个陆家嘴摩天高楼林立，大受震撼，我也看见了直插云天的第一高楼金茂大厦。当晚，我入住的酒店也让我这个"井底之蛙"大开眼界。那是在浦东陆家嘴的一家五星级酒店，名字里似乎有"汤臣"两个字，特别豪华。第二天去开会时，我来到中国第一高楼金茂大厦，乘坐电梯到了近一百层的康柏公司上海办公室。在这个办公室可以俯视上海，这让我无比震撼。当天晚上，部门总监带着我们参加了公司晚宴，我吃了人生中的第一顿西餐。

在康柏公司实习，我最大的收获是得到了康柏大中华区总裁俞新昌博士给我写的推荐信。俞新昌博士的办公室离我的工位不远，只有不到十米，我在工位上就能看到他。因为离得近，他也认识我，经常跟我打招呼。有一天，我鼓足勇气敲了敲他办公室的门，跟他说我打算明年出国读博士，恳请他帮我写一封推荐信。俞新昌博士愉快地答应了。这封来自世界500强企业大中华区总裁给我的推荐信，对我后来成功申请到哥伦比亚大学商学院的博士项目起到了关键作用。

我的第三封推荐信来自清华大学土木工程系主任刘西拉教授。他不仅是著名的学者，当时还担任全国政协常委。刘西拉教授也是一位"海归"，他20世纪60年代初从清华大学土木工程系本科毕业，80年代改革开放后到美国著名的普渡大学进修并获得博士学位，之后回国继续在清华任教，担任土木工程系主任，并于1994年被任命为国家"攀登计划"土木、水利项目首席科学家。1993年我刚刚入校时，刘西拉教授曾给我们近一百人的大一新生做了一次开学演讲。他的演讲敢说真话，非常有高度，又非常幽默，当时我非常崇拜他。在清华土木工程系学习的五年时间里，我有幸多次得到刘西拉教授的指导。听说我准备出国攻读博士学位后，刘西拉教授当场就答应推荐，也给我写了一封热情洋溢的推荐信。

这样一来，我就有了三封重量级的推荐信：一封来自清华大学的刘西拉教授，一封来自美国名校沃顿商学院的马歇尔·梅尔教授，一封来自《财富》世界500强企业的大中华区总裁俞新昌博士。在递交了各个学校商学院博士项目的申请后，我开始陆续收到一些面试邀请。当时手机还没有普及，主要靠传呼机和固定电话联络。我买不起手机，只配了一个数字传呼机。因为美国学校的面试是电话面试，而我身边随时能使用的电话只有康柏公司工位上的，加之时差原因，美国的上午是中国的晚上，所以我经常在公司加班到半夜。我后来之所以能拿到很多全球顶尖商学院的录取信，除了有在康柏公司的实习经验，还要感谢康柏公司在我申请学校时提供的良好办公条件。最后，我成功获得了哥伦比亚大学商学院的博士项目录取通知书。

"李王十二妹留学奖学金"

在被哥伦比亚大学商学院的录取后，我打算离开康柏公司。一方面，康柏公司离清华太远，来回通勤需要三个小时，我每天天没亮就起床，深夜才回到清华的宿舍；另一方面，我也想换家公司实习，丰富自己的工作经历。那时是 2000 年的上半年，互联网风潮已经传到了中国，互联网创业开始在中国兴起，成就了一批著名的企业家。清华大学门口的清华科技园和清华附近的中关村当时就有不少的风险投资公司。

或许出于互联网浪潮的兴起，以及我参加过创业计划大赛的原因，当时我对与创业相关的工作非常感兴趣，就去中关村寻找与创业相关的工作，很快就在一家风险投资公司找到了职位。这家风险投资公司本身也是一家创业公司，面试我的是公司的两位联合创始人，一位是美籍华人，一位是美国人，他们是芝加哥大学商学院的同学，一起到中国创业，面试地点在中国人民大学对面的燕山大酒店。我当时非常诧异：为什么会在酒店房间里面试？后来了解到当时这家新公司租的办公室还在装修，就在酒店租了房间，作为临时办公室。面试很顺利，两位联合创始人对我很满意，他们决定录取我。

但在接下来的谈薪资环节，我做了一件违背原则的事：撒谎。当时，两位联合创始人面试官问我之前在康柏公司一个月的工资有多少——事实上，康柏公司那时候给我的待遇真的不低，要知道，1999 年大多数人（包括政府公务员）一个月的工资才八百块钱，而我在康柏公司一个月的工资是五千五百元。但当时我不知道哪来的勇气，竟然撒谎说自己一个月工资为一万五千元。当时我心里想，对方可能会觉得太高而和我讨价还价，这样或许我就可以拿到每个月一万元的工资。果然，两位联合创始人对我说："我们是一家创业公司，没有办法像《财富》世界 500 强公司那样开这么高的工资给你，但我们确实很欣赏你。我们公司虽然小，但是未来发展很有前途，你若现在加入，将来就是公司的元老，以后肯定会发展得很好，公司未来一旦上市，你也会有股权激励。我们确实开不了一万五千元那么高的工资，但是能给你一万元一个月，希望你考虑一下。"听到这里，我心里乐开了花，没想到我的小计谋奏效了。今天回想起来，那时候的我居然懂得应用"锚定效应"这个获得诺贝尔经济学奖的理论——后来我去哥伦比亚大学商学院读博士时才懂得这个理论（关于锚定效应及其在生活中的应用，感兴趣的读者可以进一步阅读我的著作《理性的非理性》）。

于是，2000 年 4 月，我就到这家风险投资公司工作了，一直到 2000 年 8 月我出国为止。那时候，公司发的工资是现金，我每个月都能领到一百张百元人民币大钞（这在当时是非常高的收入），回家后都会数上好几遍，不是因为担心工资发错，只是单纯地体验赚到钱的快乐。那时候的我如此迫切想要赚钱有一个重要原因——自己承担出国的机票和好几万元的"培养费"。按照当时的国家政策，出国留学要交"培养费"，否则无法办理护照出境。我在清华大学读了本科和硕士研究生，一共七年，根据当时的政策，我需要交三万元左右的"培养费"。对我来说，这是一笔巨款。

那时候，我自己存的钱不够交"培养费"，父母也没有什么钱，我读大学已经花掉了他们的大量积蓄。那么，我是怎么凑够这笔三万元的"培养费"的呢？这里要感谢一位来自家乡的华侨。有一天我父亲听到了一个消息：莆田市涵江区江口镇有位华侨设立了一个奖学金——"李王十二妹留学奖学金"，任何莆田的学生，只要拿到国外大学的录取通知书并获得签证，就可以获得五千美元的资助。当时美元对人民币的汇率是1：8.28左右，五千美元相当于四万多人民币。知道这个奖学金后，父亲从仙游县城坐车去莆田市区，再转公共汽车到离莆田市区几十公里远的江口镇，再乘坐三轮车到位于江口的莆田华侨中学，见到校长并拿到了这个奖学金的申请表。几个月之后，我顺利申请到了"李王十二妹留学奖学金"。这笔奖学金解了我的燃眉之急，我对此一直心存感激。

设立"李王十二妹留学奖学金"的华侨是祖籍莆田江口的印度尼西亚著名企业家李文光先生。这个奖学金以李文光先生母亲的名义设立，每年资助十二个人。让我没想到的是，李文光先生竟然会亲自给这十二个获得奖学金的学生写邮件。后来，我在美国哥伦比亚大学读书时，依然与李文光先生通过电子邮件保持着联系。没想到，多年后，我毕业回国并回到清华大学任教，我们竟然在清华大学的课堂上又见面了！

读书改变命运

普通人如何逆袭人生

大约在 2010 年，那时我已经回到清华工作好几年了。有一次，清华派我去印度尼西亚讲课，这堂课令我毕生难忘。这是清华在印度尼西亚开设的一个企业家班，因我讲课受欢迎，所以就被安排在开班的第一天讲课。在助教的引领下，我来到教室，发现教室里的学生竟然都是老人。在开班仪式上，中国驻印尼大使和印尼的部长的致辞中都提及一个事实：尽管这个班的学生年龄很大——平均年龄六十七周岁，最大的学生当时年龄八十五周岁，但他们都是印尼的商业领袖。我教过那么多学生，但是从来没有教过学生平均年龄这么大的班级！

开班仪式之后，班主任开始介绍我，然后又介绍了每位学生。这时候，我听到了一个熟悉的名字：李文光先生。天啊，当年资助我的李文光先生，现在竟然坐在教室里成了我的学生。李文光先生听到我的名字后，也非常激动，当天晚上他请我吃饭，对我说："我觉得自己设立奖学金太有意义了，能帮助培养出你这样的人才，我深感自豪。"我也庆幸自己没有辜负他的资助。席间还有一件事对我触动很大。虽然李文光先生已经是亿万富翁，但他仍然把没吃完的饭菜打包带回家。这位华侨勤劳致富、努力工作，又热爱家乡，我对他的敬意又增添了几分。

在与李文光先生的交谈中，我进一步了解了他的母亲李王十二妹的传奇故事。李王十二妹 1902 年出生在莆田市江口镇新墩村，从小家贫的她，兄弟姐妹多，没有机会读书。她十几岁的时候，与家人一道闯荡南洋，从货郎担起家，后开起百货店，生意也越做越大。目不识丁的她，有一次让人代写家书，写信先生问她的名字，她说自己在家排行第十二，于是就有了"李王十二妹"这个名字。因此，李王十二妹暗暗许下一个心愿，有朝一日，她一定要回家乡办学堂，要让家乡人民的子孙后代都能读书受教育。

光阴荏苒，岁月悠悠，这个梦一晃就是几十年。20世纪70年代末，李王十二妹应邀参加"侨胞北京观光团"，欣然踏上魂牵梦萦的故土家园。然而，当她看到家乡的孩子们仍然光着脚丫子求学，夜里凑在昏暗的煤油灯下读书、写作业的情景时，李王十二妹的心又一次被强烈地震撼到了。回到印尼后，李王十二妹倾其毕生积蓄，又动员了子孙们，集资两千万元，在家乡独资捐建了江口新墩小学和莆田华侨中学。几十年来，这两所学校培养了成千上万家乡人民的孩子们。莆田华侨中学还成为福建省重点中学，每年都有几百名毕业生从该校走进了高等院校！

为了实践和延续母亲关心发展家乡教育的夙愿，1992年，李文光先生以他母亲的名义，成立了"李王十二妹留学奖学金基金会"，专门资助莆田华侨中学毕业、品学兼优而无力出国深造的家乡学子。对于获得留学资格的这些莆田籍学生，李文光先生会特别提供两万美元的经济担保和每人五千美元的奖学金。李王十二妹在世时，对每一位留学入选者，都亲自认真过问，关怀备至。

如同慈母般的真诚关切，常常让家乡学子感动得热泪盈眶。直到1996年夏天，李王十二妹在海外病重弥留之际，仍念念不忘留学异国他乡的学子的学业和生活情况，一再嘱咐儿子李文光先生要多联系、多关心。

听到这里，我终于明白为什么当年李文光先生会亲自联系我以及每一位"李王十二妹留学奖学金"获得者了。1998年，李文光先生有感于广大学子好学求知的心愿，决心把奖学金的资助对象，由莆田华侨中学扩大到莆田全市各中学的高中毕业生。而我，就是2000年获得"李王十二妹留学奖学金"资助的幸运儿！李王十二妹和李文光先生的爱心帮助了许多像我这样的学生。那一刻，我心里也暗暗立志：将来自己有条件时，也一定要去帮助更多的人，让更多人有机会享受到优质的教育。

李王十二妹的女婿、印尼"钱王"李文正先生也非常有名。清华大学图书馆北馆——"李文正馆"就是由李文正先生捐资建设的。李文正在捐赠时表示："国家的强盛要靠教育，教育对一个民族而言也是非常重要的。图书馆是一所大学的生命，图书馆与一所大学是否能办好有着密切的关系。"此外，李文正也对家乡莆田的教育事业非常重视。2000年前后，李文正到北京拜访莆田籍的时任教育部部长陈至立，以及莆田籍的中国科学院院士、中国工程院院士闵桂荣，请他们支持提升莆田学院成为本科大学。3年后，莆田学院正式升级为本科大学。就在不久前的2023年4月，李文正先生又回家乡参加自己捐赠的莆田学院"李文正图书馆"揭牌仪式。李文正在致辞时动情地说："图书馆是一所大学的生命。在家乡莆田有一座以自己名字命名的图书馆，是一种荣耀，更是一种责任。"

李王十二妹这个传奇家族关心家乡教育的善举，也是我的老家福建无数华侨的优良传统。福建有很多人下南洋，因此华侨很多。这些华侨保持着一个优良传统，功成名就后回报家乡、回报祖国。其中最著名的莫过于兴办厦门大学的陈嘉庚先生。

今天，我们尤其需要学习这种精神，需要更多的企业家承担社会责任、回馈社会。世界上很多优秀的学校都是靠校友的捐赠维持运营的，最典型的代表是哈佛大学，校友捐赠资金目前高达300多亿美元，这无疑是哈佛大学能够一直高居全球顶尖大学之巅的原因之一。今天，清华校园里也有很多楼是由爱国华侨或校友企业家捐建的。以清华大学经济管理学院为例，其办公楼和教学楼都是由爱国华侨和校友企业家捐建的。其中，建于20世纪90年代的"伟伦楼"的捐赠者是香港著名社会活动家、实业家、恒生银行董事长、清华大学名誉博士利国伟先生。该楼取利国伟先生及其夫人易海伦女士姓名中各一字，故命名"伟伦楼"，以示纪念。21世纪初，清华大学经济管理学院的第二栋楼舜德楼建成，是由香港著名实业家、香港美心食品有限公司前董事长伍舜德先生捐建的。在过去的2022年，清华大学经济管理学院的第三栋楼和第四栋楼也建成并投入使用，老师们的办公条件和同学们的学习条件都得到了极大的提高。这两栋楼的捐赠者都是校友企业家，分别是卓越集团的李华和恒力集团的陈建华，因此，这两栋楼也分别以"李华楼"和"建华楼"命名。

哥大留学，苦中有乐

第一次踏出国门

交完"培养费"之后，我去办了人生中的第一本护照，接着就开始申请美国签证。我第一次去美国驻华大使馆的经历迄今仍然历历在目。那时候，美国驻华大使馆还在北京著名的秀水街。我一大早赶过去，没想到大使馆里已经人满为患，大约有五百人在排队等待面签。在各国的签证中，美国的签证最不好通过。很多国家的签证只需要提交材料即可，无须面签；然而，美国签证要求每一个申请人都得面签。签证官假设每个人都有移民倾向，可以随意拒绝任何人。当时，签证官问我："你要去美国干什么？"我回答说："去哥伦比亚大学读博士。"签证官又问："那你毕业了想干什么，在哪里工作？"我回答说："博士毕业后我想回到中国，在知名大学做一名教授。"听到我的回答后，签证官立即对我说："你的签证申请通过了，欢迎你到美国！"今天回想起来，自己真的做到了。博士毕业后我很快就回到清华大学工作，并且任教至今。

拿到签证，我就开始预订机票。那时候，中国去美国的直飞航班几乎没有，只能去日本或者韩国转机。出国的日期定在2000年8月27日。当时，我预订的机票是从上海浦东机场出发，经日本东京成田机场中转，再飞到美国纽约肯尼迪机场。

这是我第一次出国，父亲、母亲一起送我到厦门机场。之前我去清华大学读书时，只有父亲送我到福州火车站；但这次是出国，我们不知道什么时候能再见，所以母亲也一起到厦门机场送行。离别的机场是很容易让人伤感的地方，分开的时候我们都哭了。从厦门飞到上海之后，我在浦东机场附近的小旅馆住了一个晚上——那时候我只能住得起经济型的小旅馆。

第二天，我早早地到了上海浦东机场，顺利登上飞往日本东京成田机场转机。成田机场让我眼前一亮。机场里设施先进，商店遍布，与当时国内的机场形成鲜明对比。在成田机场短暂停留了两三个小时之后，我便登上了飞往美国的飞机，终点是纽约的肯尼迪机场。十几个小时后，飞机缓缓降落。在飞机上看到纽约海港内的自由女神像的那一刻，我意识到，我到美国了。

落地肯尼迪机场后，我接下来要怎么办呢？我有一个清华同班同学那段时间在纽约，出发之前我用电子邮件和她联系过，请她去纽约肯尼迪机场接我。我的这位同学非常优秀，清华硕士毕业后进入著名的投资银行高盛工作，是当时我们班年薪最高的。

在高盛给她的录取信上写着"年薪五十万元人民币"，让我们全班羡慕不已。我去美国时，她正好被高盛公司安排去纽约总部培训，所以可以去接我。但是肯尼迪机场太大了，有九个航站楼，我不知道自己落地在哪个航站楼。再加上当时没有手机，没法及时联系，结果可想而知——我们遗憾地错过了。

无奈之下，我只能自己去学校。幸亏我带了一些美元，不然连出租车都没法乘坐。那个时候不像现在，美元兑换没有那么方便。我出国前拜托了在清华工作的老乡教授，才换到一些美元。从肯尼迪机场打车到哥伦比亚大学花了我大约一百美元，我心疼得不得了。经过纽约布鲁克林大桥之后，出租车驶入曼哈顿，到处都是高楼大厦。

很快出租车到了哥伦比亚大学，我拎着几个超大的行李箱下了车。当时，哥伦比亚大学的住房办公室已经帮我租了学校的一个单间公寓（studio）。但是由于我到达的这一天是星期天，住房办公室当天不上班，因此，我需要等到第二天，也就是星期一的上午，才能领到钥匙。这天晚上我住哪里呢？这里要感谢哥伦比亚大学商学院博士项目的协调人伊丽莎白女士。她在电子邮件里告诉我，这天晚上我可以住在哥伦比亚大学的国际学生学者公寓，并已经帮我预定了房间。公寓一个晚上需要一百二十五美元，费用让我非常心疼。但我也只能去住，不然就得睡大街了。

哥伦比亚大学的国际学生学者公寓离校园要步行十几分钟，

位于河滨大道，旁边就是哈得逊河。周围的景色十分优美，到处都是树林，还有一座很大的公墓——美国第十八任总统格兰特将军的公墓。

有意思的是，在格兰特将军的墓前，是李鸿章种的一棵树及树立的一块铜牌。那么，格兰特将军与李鸿章又有什么渊源呢？1877年格兰特卸任总统后，与妻子环球旅行，游历欧亚多国。1879年5月27日，格兰特抵达天津大沽口。时任直隶总督的李鸿章对格兰特访华相当重视，在天津直隶总督署设宴款待格兰特。两人在这次会面中相谈甚欢，甚至可以说是惺惺相惜。格兰特在回美国后出版的《格兰特的环球之旅》中记录了与李鸿章的会面。1885年格兰特病逝，李鸿章叮嘱驻美大使馆，代他送上为格兰特修建陵园的捐款。1896年8月28日，李鸿章抵达纽约访问美国，不忘老友旧谊的他亲往哈得逊河畔格兰特墓地拜谒，并在墓旁亲手植树一株、立铜制纪念牌一方。

1896年9月2日，李鸿章在纽约华尔道夫饭店接受了记者的采访。《纽约时报》至今保留着这篇采访的原稿。李鸿章访问完美国后，横渡太平洋返回中国。正因为这次访问美国和环球旅行，李鸿章可谓是清朝官员里"睁眼看世界"的代表人物之一。当时李鸿章对外交、政治、教育、法律、经济、传媒等领域的认知已经达到了相当的高度，远远超过清朝绝大多数官员。

睁眼看世界

说起睁眼看世界的中国人，不得不提起容闳。我在清华读本科时还获得过"容闳奖学金"。容闳是第一个留学美国的中国人。道光二十七年（1847 年）初，当时就读马礼逊学校的容闳跟随校长、美国教育家勃朗牧师前往美国马萨诸塞州的孟松预备学校就读。道光三十年（1850 年）容闳考入耶鲁大学，成为首位在耶鲁大学就读的中国人。咸丰四年（1854 年），容闳以优异的成绩从耶鲁大学毕业，之后返回中国。

容闳一生有两大主要成就。第一，他促成了上海江南机器制造局的设立。同治二年（1863 年），容闳到安庆谒见曾国藩。同治三年（1864 年），受曾国藩委派，容闳为筹建江南制造局赴美采购机器，次年回国。他所购的一百多种机器，成为第一个洋务企业——江南制造总局的主要设备。

第二，容闳是"中国留学生之父"，组织了第一批官费赴美留学幼童。同治七年（1868 年），容闳向清政府提出以选派幼童出洋留学为重点的四项条陈。同治九年（1870 年），在容闳的反复劝说下，曾国藩终于表示愿意向朝廷奏请派留学生出国留学。获得朝廷的批准后，同治十年（1871 年）"幼童出洋肄业局"成立，由陈兰彬任委员、容闳为副委员。陈兰彬负责留学学生在美期间的中文学习，容闳则负责孩子们在美国的教育，直至光绪七年（1881年）清政府撤回留学生为止。

1872年夏，容闳组织第一批平均年龄只有十二岁的三十名幼童赴美，开启了一段长达十五年的留学生活。这些孩子到美国后，进入哈佛大学、耶鲁大学、哥伦比亚大学等美国名校学习，回国后大都成为国之栋梁。其中，有我国著名的铁路工程师詹天佑、清华大学首任校长唐国安等。

现在回想起来，当年我在清华毕业后选择出国留学主要是因为在摩托罗拉公司工作时，我的两个老板分别是哈佛大学和斯坦福大学的毕业生，这给了我压力和动力。因此，我希望留学美国，获得一个名校的博士学位。然而，那时候的我并不知道，关于这次出国留学，自己的收获并不仅仅是一个名校的博士学位，更大的收获其实是出去看世界，有了全球视野。因此，今天我仍然鼓励有条件的家长们送孩子出国留学，让他们出去看世界，获得一个更广阔的全球视野。

补考：差一点挂科

抵达纽约哥伦比亚大学的当天晚上，已经奔波了一天的我饥肠辘辘，但是不知道去哪里吃饭，又因为囊中羞涩而不敢去餐厅。于是，我打算出去碰碰运气，看看街边有没有小卖部。走了很久，我终于找到一家小卖部，但里面的商品价格超出了我的预算。当时非常口渴，我就买了一盒橙汁。天啊，一盒橙汁居然要三四美元，也就是三十几块人民币！我赶紧买了两个面包，匆忙离开小卖部。那天晚上，我只吃了这两个面包充饥。

第二天，我早早来到哥大的住房办公室报到，领到了我租住公寓的钥匙。我拖着行李搬到了公寓，终于安顿下来。哥大的主校门位于纽约百老汇大街和116街的交叉口，而我住的公寓在百老汇大街和112街的交叉口，离学校非常近，地理位置很好。公寓不大，是一个单间，但"麻雀虽小，五脏俱全"，有卫生间和厨房。其实在申请博士时，我被许多学校录取；而我当初选择就读哥大，除了因为它是顶尖名校，还有一个重要原因——哥大不仅对我学费全免（一年大概五万美元），还给了我全额奖学金，每年一万八千美元。在录取我的各个学校中，哥大的奖学金最高，其他学校的奖学金一般只有一万五千美元，低的甚至只有一万二千美元。当然，哥大奖学金最高的一个原因，可能是纽约的生活成本也最高。

这一点，我深有体会。当时，我每个月能领到一千五百美元的奖学金。这虽然看起来还不错，但我每个月要拿出约三分之二的奖学金来付房租。纽约的房价高得离谱，我租的单间一个月的房租高达九百五十五美元。如此一来,我每个月只剩下五百四十五美元作为生活开支。因此,在美国读书那几年我过得非常节俭,一年都舍不得去餐厅吃几次饭。

偶尔,我也有大方的时候。在哥大商学院市场营销系,我们那一级的博士生只有三个。当时,全世界有上百人申请,我们三人是幸运儿。我是其中唯一被哥大市场营销系录取的中国人,另外一个是印度人拉古·艾扬格,还有一个是美国人迈克尔。有一次,我们三人相约去校门口的一家意大利餐厅吃饭。因为在国内习惯了吃饭时由一个人请客,同时想展示一下中国人的热情大方,所以那一次我决定请客。结账时,我跟两位同学说:"今天我来请客。"听到这儿,他们都瞪大了眼睛,难以置信地连续问了我三遍:"你确定吗?"后来,我才知道在美国朋友或者同学之间吃饭一般都采取"AA制",这样大家都没有压力。结果,这顿饭花了我将近一百美元。自那以后,我再也不敢跟他们一起吃饭了。

出国前,我在摩托罗拉公司和康柏公司等《财富》世界500强公司实习时,用的都是公司提供的笔记本电脑。然而,来到哥大后,由于穷,我连笔记本电脑都没有钱买——那时候笔记本电脑很贵,一台要一两千美元。要再次感谢哥大商学院博士项目的协调人伊丽莎白女士,入学报到后,她问我是否一切安顿妥当,需不需要帮助。我说自己都安顿好了,但是没有笔记本电脑。听到这儿,她说:"没电脑确实不行,我们可以借一台给你。"于是,她就从商学院的办公室里找了一台废弃的电脑给我。我非常开心地把它搬回我的小单间。那时候，电脑需要连接电话线并通过调制解调器（俗称"猫"）才能上网。我插上电话线，打开电脑，发现这台电脑尽管旧，但是可以正常使用。于是，我免费使用了那台电脑五年，一直到从哥大毕业才还回去。

因为不适应，所以在哥大的第一学期是最艰苦的。在国内时，因为在摩托罗拉和康柏公司的实习经历，我只是憧憬出国、进入顶尖名校、获得更高的学位，但是我并不知道读博士具体代表着什么。来到哥大开始攻读博士之后，我才发现，通俗点儿说，读博士其实是做科研，走上学术研究的道路。这和我在清华读工商管理硕士完全不同。在哥大读博士期间，我几乎每天都在读论文，每篇论文都长达十几页甚至几十页。刚开始我完全不知所措，这些论文专业术语很多，即使每一个单词我都认识，但是它们放在一起就非常晦涩难懂，我根本不知道它们表达的是什么意思。现在，国内很多人也把这些学术文章叫作"现代八股文"。另外，英文毕竟不是我的母语，因此，我读文献、上课的反应都比别人慢很多；上课时，我几乎不敢举手回答问题。而与我相熟的印度同学，虽然他的英文说得并不标准，但是很流利，而且他非常活跃。所以，他在学校过得如鱼得水，周末还经常去和教授们喝啤酒。这在当时的我看来，简直不可思议，学生怎么还能跟教授一起喝酒？后来这位印度同学毕业的时候，跟多位教授合作发表了论文，找工作也非常顺利，去了著名的沃顿商学院。而读博士期间我几乎每天都把自己关在封闭式工位里，不敢与教授们交流，也不敢和同学们来往。反思刚开始读博士的那段经历，现在我强烈建议在国外读书的同学们，一定要多跟学长、老师交流，只有那样你才能融入他们，而他们的建议也会帮你少走弯路。

艰难地读完第一个学期，我终于慢慢适应了这样的学习方式。哥大的市场营销系非常强，在营销学术界四大顶级期刊发表论文的数量曾经连续多年全球排名第一。第一学期给我们上课的教授中，就有多位著名教授，包括美国营销学术界的常青树唐纳德·雷曼教授。他在营销学术界四大顶级期刊上发表的论文已经超过一百篇（一般来说，发表六到八篇就可以获得顶级商学院的终身教授职位），也担任过美国消费者研究协会（Association for Consumer Research）的主席和美国营销科学院（Marketing Science Institute）的主任，他还是营销学术界另一本著名学术期刊《营销通讯》（*Marketing Letters*）的创刊主编。第一学期给我们上课的还有姬塔·乔哈教授和米希尔·段潘教授，他们都是外国移民，其中，姬塔·乔哈教授是印度裔，米希尔·段潘教授是越南裔，但都因为读书改变了命运，在美国营销学术界成为很有影响力的教授。姬塔·乔哈教授担任过营销学术界四大顶级期刊之一、消费者行为领域顶级学术期刊《消费者研究学报》（*Journal of Consumer Research*）的主编，而米希尔·段潘教授则担任过美国消费者心理研究协会（Society for Consumer Psychology）的主席。

转眼到了期末考试，博士阶段大多数课程的期末考试是以论文的形式提交的。第一学期，乔哈教授和段潘教授的两门课都要求写论文。我当时觉得写两篇论文压力太大，就抱着侥幸心理将同一篇论文分别交给了这两门课的老师。我记得很清楚，当时我那篇课程论文的主题是沉没成本，我提了一个假设，做了一个研究提纲。结果第二学期开学后我傻眼了，因为我发现这两门课中的一门课，也就是段潘教授的课，我竟然得了 F——我挂科了。我非常着急，连忙找到段潘教授，问他为什么给了我 F。段潘教授反问道："你还不知道为什么吗？你把一篇论文交给两门不同课程的两位老师，这属于严重作弊。我和乔哈教授商量了一下，她的课接受了你那篇论文，我的课相当于你没有提交论文，所以我的这门课你是零分。"

听到这，我当场吓出了一身冷汗。我连忙解释："对不起，我确实不知道这么做是违规的。我的出发点是担心两篇文章都写不好，所以把两篇合为一篇，想写得更好。本科时我读了土木工程和企业管理两个学位，也是合写一篇毕业论文，主题就是把房地产建筑工程与市场营销相结合，题目为《房地产定价方法与策略》。我确实不知道哥大的学术规则，才犯了这个错误，恳求您再给我一个机会，我一定认真补写一篇论文。"

段潘教授听了我的解释后，答应给我一次补考的机会，要求我必须在两个星期之内再写出一篇论文，然后根据新论文评分，而且教授告诉我仅此一次，下不为例。接下来的两个星期，我可以说是在战战兢兢中度过的，每天泡在图书馆里读文献、写文章。最后，我如期提交了论文，那门课的评分也从F（不通过）变成了P（通过）。这段经历给了我深刻的教训，我第一次深刻感受到了做学术的严谨。

我的印度同学

现在回想起来，我在哥大商学院读博士生一年级时并不是一个合格的博士生。我的那位印度同学拉古·艾扬格才是更成熟的博士生。在攻读博士阶段，博士生与其导师的关系更多的是合作关系，博士生的日常重点是学术研究，而不是本科阶段的上课和考试。而我在刚读博士时根本没有认识到这一点，还延续着以前的学习方法，甚至无法理解拉古·艾扬格与教授们天天"混"在一起的做法——他经常和教授们一起吃饭、喝咖啡，周末也会和教授们一起去酒吧。

多年之后，等到我博士毕业并回国任教，我才认识到研究灵感通常是在交流和讨论当中迸发的，而像餐厅、咖啡厅或者酒吧这种场所的轻松氛围更能激发创造力。后来，在我自己带博士生时，我一直都鼓励博士生们除了要在课堂上认真学习，更要多与老师们互动、沟通。甚至，我经常这样告诉博士生们："你们如果想有更多的收获，就要主动多找老师沟通，而不是等老师来找你们。记住，爱哭的孩子有奶喝。"

其实，在哥大读博士一年级时，不止我一个人没有适应博士阶段的学习，我的那位美国同学迈克尔也无法适应。后来，博士一年级下学期迈克尔就选择退学了。作为美国人，迈克尔退学后还有退路，可以去找工作；而我如果退学，就无法继续在美国生活，因为我拿的是学生签证。所以，尽管不适应，我还是要硬着头皮继续我的博士学习生涯。

我的印度同学拉古·艾扬格，之所以能快速适应博士阶段的学习，也与他的家庭背景有关。他的哥哥是哥大工程学院的教授，嫂子是哥大商学院的著名教授席娜·艾扬格。家里有两位哥大教授的指导，他很早就制定了自己的职业规划；而我则是两眼一抹黑，什么都需要自己去摸索。也因为这一点，今天我非常愿意帮助年轻的学生们。很多学生来找我咨询读博士的相关事宜时，我首先问的都是："你知道读博士的培养目标是什么吗？你知道申请博士时，学校最看重的是什么吗？"对于这些问题，我自己当年在申请博士时都不知道答案，直到自己博士毕业并任教后才逐渐体悟。因此，我给学生们的建议是，自己不知道没关系，但一定要去找知道的人咨询；否则，一旦踏上读博之路，却发现读博并不是自己想象的那样，就会面临更多烦恼。

双目失明的席娜·艾扬格教授

说到席娜·艾扬格教授，她的人生也是一部印证"读书改变命运"的传奇故事。她的父母是印度移民，十三岁时，她因患上罕见的色素性视网膜炎双目失明。在多数情况下，盲人的命运似乎在其失明的那一刻就已经注定了：要么去卖彩票，要么去做盲人按摩。席娜在内心思考："我已经失明了，我的人生还有哪些选择？"席娜决定不服从命运的安排，下定决心要坚持读书，不给自己的人生设限。正是因为她坚持读书，她那似乎注定的命运真的改变了：高中毕业之后，席娜考上了著名的常春藤名校——宾夕法尼亚大学，入读沃顿商学院；从沃顿商学院本科毕业后，席娜去斯坦福大学商学院直接攻读博士；博士毕业后，席娜又成功成为哥大商学院的教授。从沃顿本科到斯坦福博士再到哥大教授，这对每一个人来说都是很难达到的人生高度，双目失明的席娜居然做到了，可想而知这背后她要付出多少努力。

在哥大商学院读博士不久，我就听说哥大商学院有这么一位传奇教授，她尽管双目失明，却教学科研两不误，而且还被评为全球 50 大管理思想家（Thinkers 50）之一——这是全球商学院学者们能得到的最高荣誉，相当于获得了管理学界的诺贝尔奖。回想起来，我仍然记得我在哥大校园里第一次见到席娜教授时感受到的震撼。当时，席娜教授拄着一根盲杖，缓慢而坚定地走在校园里。哥大的校园里有很多台阶，我不禁暗暗替她担心，不知道她要怎么上下台阶。后来，看到她熟练地扶着台阶旁边的栏杆一级一级地走下台阶时，我才暗暗地舒了一口气。看她下了台阶之后，我继续跟在她身后观察她。很快，席娜教授就走出校门，在116街与百老汇大街的交叉口等红灯。街上车水马龙，我不禁又开始为她担心，不知道她要如何过马路。直到红灯变绿，我看到她熟练地和其他行人一起过了马路，心里的石头也终于落地了。

我回国任教之后与席娜教授有了更多接触。2014年，她的著作《选择的艺术》中文版正式出版，我邀请她到清华做了一场演讲。她在演讲中分享了自己早年的人生经历："我于1969年10月的一个暴风雪之日在加拿大多伦多市出生，是个早产儿。我的父亲那时正在从印度赶往加拿大的途中，因而未能迎接我的意外出世，而这也似乎预示了他会早早地离开我的人生。从蹒跚学步起，我总是撞到东西，起初父母只是以为我比较笨拙。三岁时，我父母带我去看医生。医生告诉我父母，我患有罕见的色素性视网膜炎，这将导致我在完成学业之前就会成为盲人。在我十三岁的一天，我父亲腿疼，在去看医生的路上心脏病发作，当天就去世了。听完这些你或许会感慨，我的人生是多么随机与不幸。你或许会问，在人生这么多随机和不幸下，我们如何能够选择未来？我可以用命运、机遇看待我的人生，但我决定用选择开始我的人生。有什么区别呢？综观各个领域里面的领导者，他们是如何得到人们尊重的？用命运来解释，就是人们常说的，有些人天生就是领导，有吸引其他人的魅力。用机遇来解释，或许他们只是在对的时间出现在了对的地点。而如果用选择来解释，或许他们是在正确的时刻做出了正确的选择。从这三个不同的角度来诠释，答案是完全不一样的。但是，当我们用选择来诠释时，会发现他们的经历、我们每个人的经历是多么详细明了。我们会发现，选择是唯一让我们从昨天跨到今天，又可以让我们从今天走到明天的力量。"席娜教授正是通过选择从不幸的童年坚持读书走到现在，才成为全球50大管理思想家之一。当时，她的演讲激励了现场的每一个听众，许多人都流下了感动的泪水。

我第二次邀请席娜教授来中国是在2019年。当时，她的著作《选择的艺术》再版名为《选择》，我参加了再版的新书首发仪式。后来，我还请她为企业家学生们讲了两天课。令同学们震撼的是，尽管双目失明，但席娜教授坚持站着讲了两天课，而且讲课过程中还与同学们频繁互动，十分耐心地回答同学们的问题。

大多数人其实无法感受到盲人的不易。邀请席娜教授来中国的那几天，我经常和席娜教授一起吃饭，这才让我更深刻地感受到双目失明的她一路走到现在有多么不容易。因为眼睛看不见，席娜教授端杯子时经常无法保持平衡，水会洒出来，如果是咖啡等热饮还会被烫到。而在吃饭时，由于看不见，席娜教授无法用筷子或者刀叉，只能用手去抓食物。同样，由于大多数食物是热的，她的手也经常被烫到。但是，我从没有看到她有一丝抱怨，有的只是平静。

席娜教授能在事业上取得如此大的成就，与她的心静也有关。双目失明的她看不见外面的纷纷扰扰，也就不会受到外界种种诱惑的影响。她总是全神贯注地做着自己认为最重要的事。因此，尽管双目失明，席娜教授读的书比大多数视力正常的人要多，发表的论文和著作也比大多数视力正常的学者要多。

还有一件事让我特别触动。2019 年，席娜教授来中国时，有一位助理陪同她一起从纽约飞到北京。新书首发仪式以及两天的课程结束之后，因为还有别的工作，席娜教授需要立即返回纽约。然而，她的助理是第一次来中国，想留下来多玩几天，去看看万里长城、故宫、颐和园等北京著名的景点。席娜教授当时是怎么解决这个矛盾的呢？席娜教授最后做出了一个不可思议的选择。她决定让助理留在北京多玩几天，自己一个人先回纽约。这件事让我对她更加崇拜和敬佩。我们正常人闭上眼睛走几步路都困难，而双目失明的她却要只身跨越上万公里从北京飞到纽约，其间的困难可想而知。

席娜教授离开北京回纽约的那天，我亲自送她到首都国际机

103

场。我替她申请了轮椅服务，这样机场工作人员就会推着轮椅送她上飞机。但即使顺利登机，在飞机上还有无数困难需要席娜教授去克服，比如，十三个小时的航行途中，双目失明的她去卫生间就不是一件容易的事。到达纽约机场之后，席娜教授需要乘坐出租车或优步专车回家，这对双目失明的她而言同样不是一件容易的事。当我把席娜教授送到安检口，看着她坐在轮椅上逐渐远去的背影，那一刻我的眼泪夺眶而出。

与席娜教授的接触让我备受激励：席娜教授双目失明，人生却如此精彩和成功。相比之下，我们日常遇到的这些小困难，在她面前又算得了什么呢？ 与优秀的人接触，我们真的可以从他们身上获得能量。大多数人的智商其实差别不大，特别聪明的只是少数人，能否有所成就主要在于后天的努力程度以及是否能够长期坚持努力。对于大多数贫穷或普通家庭出身的人来说，努力读书是改变命运的最佳选择！

"现代营销学之父"菲利普·科特勒

再以市场营销领域我的偶像为例，他的人生也是"读书改变命运"的典范，他就是被尊称为"现代营销学之父"的菲利普·科特勒。菲利普·科特勒 1931 年出生在美国芝加哥。他的父母都是第一代移民：父亲是出生在俄罗斯的犹太人，十七岁那年从俄罗斯移民到美国；母亲则出生在乌克兰，十二岁时移民加拿大，后来也去了美国。父母两个人在芝加哥相识、相爱、结婚，并都找到了工作：母亲在一家大型百货商店当售货员；父亲一开始在一家洗衣店干活，后来在一家鱼店打工，开了自己经营的鱼店。因此，菲利普·科特勒的家庭出身并不富裕，父母都是没有受过教育的穷人。

或许正因如此，父母特别重视菲利普·科特勒兄弟三人的教育。菲利普·科特勒是老大，二弟米尔顿·科特勒比他小四岁，三弟尼尔·科特勒则比他小十岁。尽管三兄弟在身体和脾气秉性上各不相同，但有一个共性，那就是他们都选择了读书。三兄弟都获得了博士学位，也都成为各自行业的翘楚：菲利普·科特勒成为"现代营销学之父"，米尔顿·科特勒创立了科特勒咨询集团，而尼尔·科特勒成为美国国家博物馆的馆长。菲利普·科特勒在其自传《世界皆营销》里深情地回忆道："我们三兄弟出生在一个父母没受过什么教育的移民家庭，却都成为知识分子。我们深爱着漂亮、贤惠的母亲。父亲晚年时，曾笑着对我说：我从来没有像现在这样为我的儿子们感到骄傲。"

那么，菲利普·科特勒是如何成为"现代营销学之父"的？1956年，菲利普·科特勒毕业于麻省理工学院，并获得了经济学博士学位，他的导师是大名鼎鼎的经济学家、美国第一位诺贝

尔经济学奖获得者保罗·萨缪尔森。尽管菲利普·科特勒学习的
专业是经济学，但他对很多日常消费问题感到困惑不解：消费者
到底是如何做购买决策的？为什么经济学的一些定律在现实生
活中会失效？因此，当菲利普·科特勒博士毕业后到西北大学
凯洛格商学院任教时，毅然放弃了在他极为熟悉的经济学领域做
教授的机遇，而选择了一个当时崭新的领域——市场营销。要知
道，20 世纪 60 年代的美国没有完整的市场营销概念和体系，甚
至当时还将营销和销售混为一谈。正是因为面临这样的挑战，菲
利普·科特勒决定自己写一本市场营销方面的教科书——1967
年首次出版的《营销管理》。

《营销管理》这本书综合了经济学、心理学、行为学、管理
学等学科的知识，极具广度和深度。那时的菲利普·科特勒根本
不会想到，这本书畅销全球超过五十年——自 1967 年首次出版以
来，目前已更新到第十六版。在过去半个世纪，这本书全球累计
销量超过千万册，影响了一代又一代的世界级企业家和职业经理
人。1996 年，英国《金融时报》将《营销管理》评为史上最伟大
的五十本商业图书之一，与之并肩的包括亚当·斯密的《国富论》。
可以说，《营销管理》不但是营销学的奠基之作，更被誉为营销学
领域的《圣经》。也正因如此，菲利普·科特勒后来被誉为"现代
营销学之父"。

2019 年，菲利普·科特勒应邀来华期间，我有幸在现场聆

听他的演讲，并与他一起吃饭交流。那时我才知道，当时八十八岁高龄的他竟然坚持每天早晨五点起床，并在早晨亲自处理前一天收到的上百封电子邮件。他不仅在工作上五十年如一日地努力工作，还坚持锻炼，每天游泳一小时。正是这样的超强自控力，使得菲利普·科特勒成就非凡：迄今为止，他一共出版了近百本涉及营销学和其他相关学科的著作；他是美国市场营销协会（AMA）设立的"杰出营销学教育工作者奖"的首位获奖者，还被美国市场营销协会学术成员推选为营销思想的领袖，并在2014年入选世界营销名人堂；他不仅通过读书获得了麻省理工学院的博士学位，还因为其职业生涯的杰出成就获得了二十二个荣誉博士学位！

棕袋午餐研讨会，认识诺贝尔奖获得者

博士一年级结束后，我又回想起之前自己在北京几家《财富》世界500强企业的实习工作经历，因此，非常希望在这个暑假也能到纽约的企业里实习。于是，我申请使用了美国给外国学生提供的实习工作许可，并顺利找到了一个实习工作。我的实习单位是纽约大学的知识产权转化办公室，老板是一位韩裔美国女性。因为从小在美国长大，她的英文非常流利。跟我一起实习的还有

一位哥大法学院的博士生，一个地道的美国人。

这是我在美国的第一次实习。在哥大读博士一年级时，我的生活非常简单，每天都是两点一线（也因为经济拮据，不敢社交）。这份实习工作给了我很多与那位美国同事聊天的机会，我也因此发现自己掌握的英文根本不够用。虽然我的英文水平让我在哥大上课时听得懂，讲论文时也能讲明白，但是在生活语境下跟美国人聊天，我依然感到困难重重。有一次我们两个人在聊电影，他问我最喜欢哪些美国演员，我想说"施瓦辛格"，却不知道怎么用英文说"施瓦辛格"这个名字。在一长串手舞足蹈的描述之后，那位同事终于听懂了，他说："是不是 Schwarzenegger？"我开始慢慢意识到，书本上的英语与日常生活中使用的英语大不相同，只有跟当地人交流，英语口语才会更地道。那个暑假，我的英语口语进步很大，因为我每天都在跟一位地地道道的美国人聊天。

哥大的暑假是有小学期的，博士生每周要上一次课。我申请实习没有告诉学校，因为老师们如果知道了，会认为我没有认真做学术研究。但那时候我需要钱，而且那份实习工作的薪水确实还不少，一个月有三千美元。那个暑假，我每周要回学校上半天课。因为实习工作的老板经常不在，我回去上课时没有找她请假，试图蒙混过去。有一次，我下课后回到实习所在的办公室，发现同事投给我一个异样的眼神。我立刻知道：出事了！原来，老板发现了我旷工，她非常生气。那一天，她把我叫到办公室，问我去哪儿了。我只好如实回答说："我在学校还有一门课，今天上午是回学校上课。"老板告诉我说："你应该请假，不请假就属于旷工，你这样做不对。"我只好拼命道歉。

因为这件事，原来非常喜欢我的老板开始疏远我了。我知道是自己做错了，所以，后来一直想办法改变老板对我的看法。最有效的一个办法就是，我更加努力地工作，做出成绩给老板看。一个月之后，老板对我有所改观，因为我真的很努力地工作，她交给我的每一项任务我都完成得很好。她对我说："你这个人还不错，虽然犯过一次错误，但我原谅你了。"那一天，我非常开心。因为，重新获得一个人的信任，真的太难了！

除了重新接受了我，老板还请我吃过饭。那时候因为生活拮据，我去实习时也是自己带饭作为午餐。有一天中午，老板决定请我吃饭作为奖励。纽约大学位于纽约的市中心，临近华尔街，周围非常繁华，附近的餐厅特别多。老板带我去了一家日本餐厅，那是我读博士以来吃过的最好吃的一顿饭。那个暑假，我通过两个月的实习，挣了六千美元的工资。

在哥大读博士期间，学校也有勤工俭学岗位。我没有选择去餐厅收银之类的岗位，因为它们的薪水并不高，更关键的是，这样的工作对我的学术研究没有帮助。所以，我去应聘了助教工作。我应聘的是哥大商学院工商管理硕士的课程助教，最后幸运地被莫里斯教授选中。莫里斯教授也是哥大商学院市场营销系的一位传奇教授。他曾经担任过营销学术界四大顶级期刊之一、消费者行为领域顶级学术期刊《消费者研究学报》的主编，也担任过美国消费者研究协会的主席。做莫里斯教授的助教让我学到了很多教学的细节，今天我的教学比较受学生欢迎还要感谢他对我的启蒙。此外，做助教一学期还能挣到三千美元，工作也比较轻松，主要的工作是每周上课时协助教授发资料以及批改期末的试卷等。学期结束后，当我拿到三千美元的工资支票时，马上奖励自己吃了一个大比萨。对现在的学生们来说，比萨应该是十分普通的快餐，而那时的我却连十几美元的比萨也舍不得买。

博士一年级的暑假，系里为我们博士生安排了夏令营，一是为了增进同学感情和师生感情，二是为了拓展我们的学术视野——夏令营会请著名学者来做学术报告。夏令营被安排在纽约城外的一座山上。这是我第一次离开市区，体验纽约郊区的优美景色。在这次夏令营中，有件事我迄今记忆犹新——骑马。骑马是夏令营中的一项特别活动，我们去了附近一个马场。我和其他博士生同学当时各自骑了一匹马。工作人员先是把我扶上马，但让我没想到的是，扶我上马后，工作人员便放开缰绳了。紧接着，马儿就奔跑起来，让我领教了什么叫"脱缰的野马"。对第一次骑马的我来说，那次经历真是胆战心惊。

哥大营销系的学术环境非常不错。除了夏令营，哥大每年还与大纽约地区内的其他三所著名商学院（沃顿商学院、耶鲁大学

现在回想起我和导师冉·凯维兹教授做的第一项研究，仍然觉得非常可惜。这项研究我和他做了很久，从我刚上博士二年级一直到那学年的暑假。暑假时由于我要参加博士生资格考试，需要花时间复习，于是我对导师说："这个暑假我要准备考试，在博士生资格考试之前暂时没时间继续做研究了。"博士生资格考试对我来说很重要，如果考试不能通过我就会被劝退学。没想到的是，导师说："考试是你的事，但我们的研究项目不能等。如果你暑假里没有时间继续参与研究的话，这篇文章你就没有署名权了，因为我不能等你，否则文章很可能会被别人抢发。"听到这儿，我委屈得眼泪都流了出来。最后，那篇文章确实很快发表在营销学术界的四大顶级期刊之一《营销科学》（*Marketing Science*）上，作者栏只有导师一个人的名字。我为这个研究付出了一年的时间，文章里的一些数学公式还是我推导的，最后我却失去了署名权。当时，我心里对导师是有怨言的。

读博士二年级的时候，我还处于思想转变期，还不是特别喜欢学术研究。我当时唯一的目的是通过资格考试。当时，我受哥大商学院 MBA 学生的影响比较大。与美国其他顶级商学院类似，MBA 项目也是哥大商学院的主力军，每年会招收大约一千名学生。每个攻读 MBA 的学生每年的学费大约是十万美元，一千名学生的学费就是一亿美元，所以，这也是商学院收入的主要来源。与之相比，商学院的博士项目不仅不赚钱，还要倒贴钱——学校不仅不收我们博士生学费，还要提供奖学金以确保博士生的生活。也正因如此，各大顶级商学院的博士项目招生人数都非常少，每个专业每年只招收大约三名博士生，整个商学院各个专业加起来也就招二十人左右，这和 MBA 项目每年招生一千人不是一个量级。商学院招收博士生非常少的另外一个原因是，与 MBA 学生们的培养目标（去美国各大企业工作）不同，博士生的培养目标并非让他们去企业工作，而是去其他学校担任教职。企业可以容纳的就业人数非常多，一家《财富》世界 500 强企业的员工人数就高达几十万。相比之下，各大商学院的教职人数则非常有限，每年可能只有几个名额，竞争非常激烈。因此，美国各大商学院博士项目的比较标准是：哪个商学院的毕业生去其他名校的就业率高，哪个商学院的博士项目质量就更高。

哥大商学院的 MBA 学生非常重视社交。当时，哥大商学院每周四晚上都会举办一次"Happy Hour"（欢乐时间）活动，MBA 学生们会在一起喝啤酒、吃比萨，而且这些都是哥大商学院免费提供的。那时候，我也经常参加这个活动，一开始的主要目的是吃免费的比萨。不过，随着与 MBA 学生们的交流增多，我也受到他们的影响，希望博士二年级之后就像他们一样出去工作。当时经常会有美国的各大企业到哥大商学院来举行宣讲会，招聘 MBA 学生。由于哥伦比亚大学地处纽约，而纽约不仅有华尔街，还汇集了各大投资银行，同时也是美国各大城市中拥有最多《财富》世界 500 强企业总部的城市，因此，哥大商学院的 MBA 学生非常受各大公司的欢迎。各大公司的招聘人员甚至高管经常会在宣讲会上介绍公司情况及要招聘哪些岗位等。宣讲结束之后是交流环节，各大公司的人事部门人员和学生面对面交流，氛围轻松随意。为了吸引学生，各大公司的宣讲会通常还会准备精致的茶歇，包括各种水果、甜品、饮料等。我当时非常向往去这些大公司工作，所以经常参加这类宣讲会，还可以顺便改善一下伙食，因为我平时根本舍不得买水果。

博士二年级的那个暑假，我顺利通过了博士生资格考试，也获得了哥大商学院给我的一个硕士学位。这是博士项目的特色之一——只要通过资格考试，就会颁发硕士学位。有了硕士学位，我就可以出去找工作了。但是，2001 年 "9·11" 恐怖袭击事件之后，美国各大公司都在裁员，招聘岗位很少，所以，我想去大企业工作几乎是不可能的。冥冥之中一切似乎是天意。如果美国没有那波裁员潮，我当时真的有可能会在拿到哥大的硕士学位之后就辍学去企业工作，而不是继续读完博士项目了。

博士三年级：走上学术之路

到了博士三年级，我终于开始热爱学术研究了，部分原因是因为没有机会去企业工作。更重要的原因是，我发现博士生第三年与前两年完全不一样：前两年要上课，天天读论文；而从第三年开始，博士生就不用上课了，开始和导师做博士论文研究，时间全部自由支配。这一年，哥大商学院还提供了一笔去伦敦商学院参加国际会议的经费，所有博士生都可以提交论文申请这笔经费，但最终只资助一名学生。为了去伦敦看看，我当时认真地写了一篇文章，最后运气很好，我被选中了。那是我第一次去英国。正是到英国参加学术会议的经历让我开始喜欢学术研究，因为我第一次发现，学术界很自由，不仅可以做任何自己感兴趣的研究项目，还有机会去全世界参加各种学术会议，领略各地美景。

我乘坐英国航空公司的航班，从纽约直飞伦敦。飞机跨过浩瀚的大西洋，降落在伦敦希思罗机场。因为没钱打车，我根据提前做的攻略，直接坐地铁去了酒店。当时，为了出行方便，我预定的酒店位于伦敦国王十字车站附近。伦敦国王十字车站是1852年启用的一个大型铁路终点站，这里也是伦敦的交通枢纽，有很多换乘线路。开会的那几天，我每天乘坐地铁去伦敦商学院，非常方便。

第一次去伦敦，我发现英国和美国的文化差异很大。这种文化差异，即使是英国人去美国也会感受到很大的冲击。在哥大商学院，有一件事让我印象很深。有一次老师请学生们一起吃比萨，结果英国以及欧洲其他各国前来的学生全用刀叉吃，美国学生则直接用手拿。美国是个移民国家，各种文化相互交融，更加自由开放；相对而言，欧洲各个国家的文化传统保留得更加完整。

博士四年级的时候，我再次有机会去荷兰的鹿特丹大学参加学术会议。我先是坐飞机到阿姆斯特丹，然后转火车到鹿特丹。在荷兰，我又体验到了当地别样的文化。那时正值欧洲杯比赛期间，荷兰几乎所有人都在酒吧里看比赛，连骑马执勤的警察都在酒吧外面看电视，非常有趣。我在那次学术会议上认识了从世界各地而来的博士生，会议结束之后，我和一些刚认识的博士生相约坐火车去巴黎玩，由在巴黎的博士生提供住宿。那时候，我很喜欢这种背包客旅行的方式，去哪儿旅行都不用花太多钱，只需要买火车票即可，可以在目的地的朋友家睡沙发或者打地铺。

那一年，我还去了加拿大的温哥华参加会议。在温哥华，我第一次体验了水上飞机。那是在市中心的一片水域，飞机在水面上就能起飞。水上飞机的机舱特别小，只能容纳十二个人左右。当时，我乘坐水上飞机从温哥华飞到温哥华岛。温哥华岛是加拿大的一个岛屿，是北美大陆西海岸最大的岛屿，面积超过三万平方公里，和我国台湾岛的面积差不多，风景非常优美。当时，我乘坐水上飞机飞了大约一个小时，最后降落在温哥华岛的主要城市维多利亚的水域上。维多利亚是个非常美的城市，迄今我仍然记得那次快乐的旅行。

读博士的后三年，我过得比较快乐，不仅时间自由，还去过很多地方。去得最多的国家就是加拿大。因为那时美国给中国人的签证是半年内只能往返美国两次，所以我去任何国家旅行，大多需要提前去加拿大办好回美国的签证，以便入境其他国家后，再顺利回到美国。而加拿大是离美国最近的地方，进出美国方便。由于纽约在美国东北部，因此我开车去过加拿大东部的多个城市申请签证，其中最近的蒙特利尔从纽约开车过去只有五百多公里。在蒙特利尔，我第一次感受到加拿大的多元文化——居然有一个讲法语的城市。而从蒙特利尔开车去加拿大首都渥太华的路上，我第一次感受到了加拿大的地广人稀——当时路上的车非常少，我开车开得飞快，感觉整台车都要飘起来了。

可能是因为我本科学的专业是土木工程，所以我每到一个城市都喜欢去看这个城市的母亲河以及河上的桥。在巴黎、伦敦和渥太华，我都做了同一件事，那就是在每个城市的"母亲河"上坐船，然后仔细欣赏河上的每一座桥。

获奖的研究：离目标越近，就会越努力吗

在读博士的后三年，我逐渐喜欢上了学者这个职业，于是，我开始全力以赴跟着导师做研究。我们合作的第一篇论文后来发表在营销学术界的四大顶级期刊之一《营销研究学报》（*Journal of Marketing Research*）上，并在后来获得了两项全球营销学术界最高级别的学术荣誉，其中一项是 2006 年获得了美国营销协会保罗·格林最佳论文提名奖（Paul Green Award Finalist），另一项是 2011 年获得美国营销协会"对营销理论、方法和实践最具影响力和长期贡献的学术论文"威廉·奥戴尔奖的最终提名奖（William O'Dell Award Finalist）。

我们这篇论文研究的主题是忠诚度奖励计划。21 世纪初，星巴克在美国迅速扩张，从西雅图扩张到全美国。星巴克所到之处，都会抢走当地咖啡馆的客源，所以，星巴克有个绰号叫"绿巨人"。当时，哥大校园里有几家咖啡馆，都是同一个老板开的。有一天，这个老板找到我的导师求助，寻求应对星巴克的竞争策略。

为了帮助校园咖啡馆对抗星巴克，我们为咖啡馆设计了会员忠诚度计划。具体来说，我们为咖啡馆设计了一种会员卡，顾客可以免费获得会员卡，并且他们每买一杯咖啡，咖啡馆就在会

员卡上盖个戳。当会员卡上戳的数量满十个时，该会员就能获得一杯免费咖啡。这个会员忠诚度计划推出之后，很快就起到了效果——咖啡馆顾客的忠诚度明显提高。

接下来发生的事情让我看到了我的导师在学术领域的过人之处。给咖啡馆的商业咨询很成功，但我的导师更加重视的是咖啡馆会员计划所带来的大量数据，以及根据这些数据进行进一步研究的学术回报。导师让我去咖啡馆收集数据，但我是研究项目的参与者，为了保证收集到的数据是客观中立的，我作为研究者不能直接收集数据。于是，导师又雇了几个哥大的本科生做研究助理。这几个研究助理不知道研究假设，收集的数据就会更加客观。

研究助理每天轮流在咖啡馆"站岗"，主要观察顾客买完咖啡——服务员在会员卡上盖戳——顾客收回会员卡这个过程中顾客与服务员的交互。我们当时设计了很多指标来检验这一交互的质量。比如，有会员卡的顾客和没有会员卡的顾客表情有何不同，谁更可能会笑，谁更可能给服务员小费。最后，数据结果显示，有会员卡的顾客比没有会员卡的顾客更容易笑，也更可能给服务员小费。

为了获得购买时间的数据，我当时还去文具店买了号码机。号码机是财务会计经常用到的一种机器，里面的每个滚轮都有一个数字，每按一下数字就自动往前进一位，打出来的号码依次是001、002、003……以此类推。为什么要用号码机呢？因为当时我们想记录每个会员卡上的戳是哪一天盖的，换句话说，我们想记录每杯咖啡的购买日期。为了获得这个数据，光靠号码机还不行，我还需要每天早上和晚上都去咖啡馆记录号码机打到多少号。有了这些数据，我们就能计算出每一杯咖啡是在哪一天买的。

你可能会问，为什么不直接盖印有日期的戳呢？这是因为，日期可能会影响顾客的购买决策。比如，顾客看见会员卡上有昨天的日期戳，就会记起自己昨天刚买过，那么他今天可能就不会再购买。但001、002、003等数字对顾客来说是没有什么意义的，不会影响他们的购买决策。

计算咖啡购买日期是为了验证我们关于目标梯度效应（Goal Gradient）的研究假设。目标梯度效应描述的是离目标越近，就会越努力。大约一百年前，心理学家克拉克·赫尔就在老鼠身上发现了这种现象。他发现老鼠离目标食物越近，前进速度就会越快。而我们这篇论文则是第一次将目标梯度效应应用在商业领域的忠诚度计划上。面对忠诚度计划的奖励，顾客是否也会离奖励越近就越努力？对咖啡馆的顾客来说，持有会员卡的目标是集齐十个戳以兑换一杯免费咖啡。那么我们的假设就是，顾客离集齐十个戳越近，两杯咖啡之间的购买时间就会缩短。比如，平时你每隔一天去买一杯咖啡，但是快集齐十个戳的时候，你可能会每天都买一杯咖啡。在收集到大量咖啡馆会员的购买频率数据后，我们成功验证了目标梯度效应。现在各行各业的各种忠诚度计划（会员制度）也正是应用了这一效应。当会员越接近奖品的时候，就会越努力，即提高购买频率，企业从而通过忠诚度计划创造了更多需求。

举个我个人的例子。博士毕业回国任教之后，我经常出差。作为一家航空公司的白金卡会员，我每年都需要飞行 16 万公里才能保级，这样第二年我才能继续享有一些特别权益。由于我平时出差大多是因别的企业邀请我去讲课或做咨询，机票费用都由对方承担，因此，我根本不在乎机票价格，于是，我每次都要求对方购买我作为白金卡会员的这家航空公司的航班。有一年，大约到了 12 月底，我发现接下来已经不会再有企业或者机构邀请我出差了，而这一年到那时为止我一共飞了 15.5 万公里，离 16 万公里的保级里程还差 5000 公里。怎么办？如果无法保级，第二年我就会失去很多这家航空公司的白金卡贵宾权益，特别是赠送给我的 8 张全球升舱券（可以用于出国飞行的长途航班）。于是，当时我做了一个看起来很不理性的决策：在年底已经没有企业邀请我出差的情况下，我决定自己花钱飞一趟，以凑够这 5000公里的里程。我就对家人说："年底了，咱们都非常辛苦地工作了一年，现在自我奖励一下，全家去度个假如何？"家人欣然同意，我们一起飞去新加坡过了一个开心的周末。而我唯一没有对家人说的是，其实除了度假之外，我还需要那 5000 公里的保级里程——新加坡距离正好合适，还不用倒时差。我原来没有飞行的计划，但年底时竟然主动多飞了一次，这不就是忠诚度计划创造需求的最佳例子吗？

回到咖啡馆的研究项目，我们在这项研究里还验证了另外一个有趣的假设——进步的错觉（the illusion of goal progress）。当时，我们给咖啡馆设计了两种会员卡：第一种卡上的内容是原来的"盖满十个戳，即可兑换一杯免费咖啡"；第二种卡上的内容则改为"盖满十二个戳，即可兑换一杯免费咖啡"，但最前面两个戳已经提前盖好了。也就是说，持这两种卡的顾客实际上都只需要购买十杯咖啡，就能兑换一杯免费咖啡。结果我们发现，持有第二种卡的顾客比持有第一种卡的顾客更快集齐十个戳。这就是进步的错觉：第一种卡起始时没有戳，完成度是 0/10=0%；而第二种卡起始时就已经有了两个戳，完成度是 2/12=16.7%。正是这种错觉，让很多顾客觉得自己离目标更近，从而购买得更加频繁，以获取那杯免费咖啡的奖励。现在很多企业提供的开卡或者加入会员送积分等活动，本质上应用的都是我们在这项研究里发现的进步的错觉和目标梯度效应。

在这篇论文研究的过程中，除了导师和我之外，还有另外一个合作者，导师的另一个学生奥列格·乌尔米斯基。奥列格的经历很有意思。他并不是商学院的博士生，而是教育学院的博士生，但他很喜欢商学院的课，所以就过来旁听，从而认识了我的导师，然后一起做研究。奥列格出生于乌克兰，后来跟随家人移民到美国。他比我大十岁左右，在企业工作过。我当时非常不理解，已经有工作的他，为什么还要回学校读博士；而且他的年龄比我的导师还大。后来我才发现，这在美国是正常现象。美国高校录取博士生时，不一定从本科或者硕士毕业生中录取，也愿意录取已经有很多工作经验的人。因为他们回来读博士的动机可能更加纯粹，不是为了毕业后去挣更多的钱，而是真正对学术研究感兴趣，希望走学术研究的道路。相对而言，本科或硕士毕业生读博士更可能是为了那一纸博士学位证书。

除了我和奥列格之外，导师后来又招了许多博士生。我是导师的第一个博士生，也是"大师兄"。由于导师的研究能力很强，所以他带出来的博士生都非常优秀，毕业之后大都去了美国的名校任教。例如，奥列格在跟着我导师做研究之后，从哥大教育学院博士毕业，并顺利找到了商学院的教职，还去了全球顶级商学院芝加哥大学商学院任教；我的师妹阿纳也是犹太人，博士毕业后去了哈佛商学院任教；还有一位师弟罗姆，博士毕业后去了沃顿商学院任教。

由于我们的研究领域是行为学，做研究需要通过实验验证。顾名思义，大多数实验都是在学校的实验室里做的。我也在导师的指导下在实验室做过很多行为学实验。不过，与生物实验最大的不同是，行为学的实验对象不是小白鼠，而是人类。因此，行为学的实验通常要求受试者填写问卷。很多企业也通过发放问卷来进行市场调查，但是企业发的问卷与实验室里的问卷有一个非常大的区别：企业发的问卷只有一个版本，实验室的问卷会有多个版本，随机发给受试者。这就如同生物医学实验一样，为了验证某种药的疗效，研究者必须把受试者随机分成两组，给其中一组受试者（实验组）吃实验药，而给另外一组受试者（对照组）吃安慰剂。这样就可以通过比较实验组和对照组的差异，来验证因果关系。在我们的行为学实验中，问卷至少需要两种版本，一种给实验组，一种给对照组。两组问卷的内容大部分是相同的，只在操纵的自变量这个维度上会有所不同，这样就可以验证自变量与因变量之间的因果关系。例如，如果我们要验证价格对销量的影响，那么因变量就是销量，自变量就是价格；而对照组的价格就是原价，实验组的价格则是促销价。

在实验室进行实验时，为了招募学生来参加实验，我经常需要出去贴海报，海报上会写上实验的时间和地点以及最重要的报酬信息。一般来说，一个长约三十分钟实验的报酬大约是十美元，而十到十五分钟左右实验的报酬大约是五美元。我经常手里拿着一摞海报和一瓶胶水，在学校里每个能贴海报的地方张贴。贴海报的痛苦之处在于，张贴的海报很容易被别人的海报覆盖。我还没在学校里贴完一圈，之前贴的海报可能就已经被覆盖了，我得重新粘贴。贴海报是个苦活儿，尤其是在冬天，我的双手经常被冻得通红。

　　除了在学校实验室里做实验，导师还教了我另外一种做实验的方法——去公共场合发放问卷。这种方法最大的好处就是节约研究经费。在学校的实验室做实验，对研究经费要求较高，如果参加实验的被试者每人报酬为十美元，招募五百个被试者就需要花费五千美元，这可能会花掉整个研究预算的很大一部分。相比之下，去公共场合发放问卷做实验的好处是可以省下这笔钱。导师让我去过很多公共场所发放问卷。在读博士的几年时间里，我经常去哥大图书馆门口、各个食堂发问卷，还经常去纽约的火车站和机场发问卷。特别是在"9·11"事件之前，美国的机场是对外开放的，普通人没有机票也能通过安检，进入候机区。那里有大量候机的乘客，他们在候机时没有什么事儿，比较愿意配合填写问卷。但他们不知道的是，我在发问卷的时候，会随机发多个版本的问卷——因为，我是在做实验。

　　不过，与在实验室里做实验相比，在公众场合发问卷做实验比较痛苦。我要克服面子问题，因为经常被拒绝。所以，一开始导师让我去发问卷时，我很不情愿。我认为自己是博士生，不应该做这种"低级"工作。后来，导师告诉我，他在斯坦福大学读博士时也经常发问卷，他的导师总让他去旧金山机场发问卷，整个博士期间他至少发了上万份问卷。我心想，既然导师都是这么熬过来的，那么我也只好努力坚持了。在哥大读博士期间，我也至少发了上万份问卷。这些收集回来的问卷后来在我的工位旁边摞得比人都高。这是因为在学术界有这样一个规定，作为原始数据的问卷要保留到文章发表之后至少三年，以避免数据造假。

导师告诉我，在公众场合发问卷比在实验室里发问卷收集到的数据更加真实。为什么呢？想象一下，哪些人更可能在看到海报后参加实验？那些想通过填问卷挣钱的学生。这些人由于经常填问卷挣钱，被我们戏称为"专业受试者"（professional subjects），所以，他们提供的数据质量反而不高。而当我去公众场合发问卷的时候，帮我填问卷的人是更真实的受试者，我们之间没有利益关系，他们只是出于好心帮我填问卷。这样的样本不仅免费，而且质量更高。后来，我回国任教后也是这么告诫我在清华带的博士生。虽然我在清华的研究经费非常充裕（获得过多个国家自然科学基金的资助），但我告诉博士生们，不要把实验局限在实验室里，因为实验室收集到的数据往往不如在真实环境中收集到的数据可靠。这种研究习惯一代代相传，从我的导师的导师传给他，再从我的导师传到我，我再传给我的博士生。

说到导师的导师，他也是非常著名的学者——斯坦福大学的著名教授伊塔玛·西蒙森，"折中效应"的发现者。2011年，美国消费者研究协会在美国的圣路易斯举行年会。那一年，西蒙森教授被评为美国消费者研究协会的首批院士，又恰逢他六十岁大寿，于是，他的学生、学生的学生从世界各地飞到美国圣路易斯为他庆祝。那一次我也参加了。在学术界，博士生导师与博士生的关系是非常密切的，犹如中国的一句俗语，"一日为师，终身为父"。这和教授与 MBA 学生之间的关系非常不同。在大多数顶级商学院，每年都招收百余名甚至上千名 MBA 学生，教授与 MBA 学生之间只是授课与听课的关系，没有密切的交流。而博士生的课堂上，一般只有五个学生左右。并且，博士生导师带的博士生很少，都是手把手指导——真正的"传、帮、带"。博士生导师和博士生的关系还是合作关系，他们一起合作进行研究，一起发论文。这种合作关系即使在博士生毕业之后，还会持续多年。以我自己为例，在我博士毕业之后，我和导师仍然保持着长期合作。

博士毕业论文：自控力

在读博士期间，我和导师合作的另外一个研究主题是自控力，也是我的博士毕业论文。消费者行为学是市场营销学科里最大的一个研究领域，而且研究主题非常广泛。自我控制（self-control）是消费者行为学中一个很大的研究领域，有很多学者在研究，但大部分学者研究的是如何提高自控力。因为博士论文要求很高，必须要有创新性，所以我在导师的指导下，另辟蹊径去研究如何不过度自控。日常生活中，我们能观察到两种截然不同的现象：很多人缺乏自控，沉迷于打游戏、抽烟、酗酒等；与此相反，职场上也有一些人过于自控，拼命工作，最终影响身心健康、家庭关系等。经常有一些成功人士由于过度疲劳而猝死的新闻，这样的事情一旦发生，不仅给家庭带来极大的痛苦，也是国家和社会的重大损失。因此，我的博士论文想研究：人在什么情况下才会放松对自己的控制，适当享受一下。

我的博士论文的第一个主要发现是，人在努力之后会放松自我控制。当时，我做了一个实验，把受试者随机分到两个小组，他们都被要求参加一个解英文字谜（Anagram）的任务。在这个任务中，每个受试者都被要求解十个英文字谜。举个例子，被试者看到六个字母 I、R、E、N、F、D，他们被要求将这六个字母重新排列组合，以组成正确的英文单词。这个字谜的答案是 FRIEND（朋友），或者 FINDER（发现者），是不是有一定的难度？

实验的核心是对自变量努力的操纵。在实验中，我把两个小组操纵为高努力组或低努力组：在低努力组，每个被试者只需要给每个字谜想出一个答案；在高努力组，每个被试者需要给每个字谜想出两个答案。显然，想出两个答案比想出一个答案要付出更高的努力。

当被试者完成全部的字谜后，他们被要求参加最后一个任务。在最后的这个任务中，被试者可以选择完成以下两项之一：一个是看一些好莱坞热门影片的片段并进行评价，另一个是填写问卷进行自我测评。他们被告知：好莱坞热门影片观测会很好玩；相比之下，进行自我测评会给他们更多的"益处"（自我测评会提供反馈，告诉被试者性格中有哪些优点，以及有哪些缺点需要进一步改进和提高），不过也会有些尴尬。被试者对这两项任务的选择，实际上就是这个实验的因变量——在这里，自我控制体现为被试者在一个轻松却无益的任务和一个痛苦却有益的任务之间做选择。我们每个人其实在人生中都会面临这样的自我控制两难选择：例如，玩游戏比较轻松快乐，但对我们没有什么益处；学习比较痛苦，但对我们有益处。最后，被试者在做出选择之后，还需要填写一些个人信息，实验就结束了。

在对实验结果进行分析之后，我发现，相比低努力组的被试者，高努力组的被试者更多选择了好莱坞电影评价任务。这说明，由于付出了更高的努力，高努力组的被试者之后放松了自我控制。后来，我又进行了多个类似的实验，通过不同的努力操纵和不同的因变量测量（例如，在高热量蛋糕和低热量沙拉之间的选择），重复发现了这个现象。

不过，我的这个研究发现需要排除一个其他的解释。这个解释来自佛罗里达大学著名的心理学家罗伊·鲍迈斯特教授，他是自控力领域全球最著名的研究学者之一，甚至开创了一个学派。他认为，自控力是一种有限的资源。鲍迈斯特教授曾经做过一个经典实验。他在一个盘子里放上刚烤好的饼干，而旁边一个盘子里放的则是萝卜。被试者被随机分成三组，进入实验室参与实验。

第一组被试者在没人陪伴的情况下被要求只吃萝卜；第二组被试者在没人陪伴的情况下被要求只吃饼干；对照组的被试者在没人陪伴的情况下被要求什么也不吃。之后，每一位被试者都被要求去解决一个难题。而这个难题被故意设置成是无解的。鲍迈斯特教授随后测量了被试者在这个难题上花的时间，观察他们过了多长时间才放弃。

鲍迈斯特教授发现，平均而言，吃了饼干的第二组被试者会在十九分钟后放弃解答；什么也没有吃的对照组被试者的放弃时间与第二组的差不多；而吃了萝卜的第一组被试者则在难题测试上表现糟糕，八分钟后就沮丧地放弃了尝试。鲍迈斯特教授把这个现象称为"自我损耗"（ego depletion），认为这是关于人类自控力的一个重要事实：我们只有有限的自控力，自控力一经使用就会减少。对于被新鲜烘焙的饼干包围却只能吃萝卜的第一组被试者而言，这需要他们用自控力来抵制诱惑。他们因自控力水平降低，从而在随后的难题测试上表现不佳。鲍迈斯特认为，就像肌肉一样，自控力会因使用而被消耗。

在随后的几年里，鲍迈斯特教授的实验室以及许多其他学者的实验室，都发表了使用类似实验方法的研究成果。首先，科学家通过需要自控力的任务来耗尽被试者的自控力：忍住不吃巧克力饼干，看悲情电影但压抑反应，等等。几分钟后，研究者会用一个难题或是其他需要脑力的任务来测试这些被试者的表现。结果都表明，自控力是一种有限的资源。这个简单的发现在自控力这一心理学领域具有革命性的意义，因此，自我损耗也被称为鲍迈斯特学派的主要观点。

对于我的研究发现（更高的努力降低了人们的自我控制），当时鲍迈斯特学派的自我损耗理论就是一个其他的解释：由于自控力是个有限的资源，因此，高努力组的被试者耗尽了自控力，无法在后面的任务选择中选择还需要自控力的任务（自我评价任务）。由于鲍迈斯特学派当时在自控力研究领域里占据统治地位，可以说，这个解释是横亘在我面前的一座大山。如果我不能排除这个解释，那么我的理论就无法被学术界接受。

那么，我的理论到底有什么不同之处呢？鲍迈斯特学派认为，付出更大的努力之后，人们放松自我控制是因为精疲力竭，生理上没有能力进行自我控制。然而，我并不觉得做了十道字谜题就会让人筋疲力尽；相反，我提出的理论是：人在努力之后，会把放松自我控制作为一种自我奖励。这是动机上的，而非生理上的。这个理论事实上与我小时候父亲给我的教诲是一致的：先做完作业，再去好好玩，这是一种奖励，会让你更快乐。

为了排除鲍迈斯特学派的自我损耗这一解释，我做了下面这个实验。我把被试者随机分为两组，做英文造句练习。其中一组被试者被告知，所有人都要做 4—18 个造句练习，而他们被随机分配要做 16 个造句练习。那么这组被试者会认为自己做得比大多数人多，因为最多只要求做 18 个造句练习，而自己却被分配到做 16 个造句练习，要比大多数人多做练习。另一组被试者被告知，所有人都要做 14—28 个造句练习，而他们被随机分配要做 16 个造句练习。那么这组被试者会觉得自己做得比大多数人少，因为最少也要做 14 个造句练习，而自己被分配到做 16 个造句练习，要比大多数人少做练习。现在你应该已经看出来了，实际上两组被试者都做了 16 个造句练习，付出的努力相同。做完这 16 个造句练习之后，被试者被提供了免费电影租赁作为奖励，他们有两个选择：选择一是"爆米花电影"（如《007》和《黑客帝国》），选择二是严肃电影（如《辛德勒的名单》和《美丽心灵》）。聪明的你现在也应该看出来了，这也是对自控力的一种测量："爆米花电影"看起来更快乐，但是没有什么更大的益处；严肃电影看起来没有那么快乐，但是有启迪人生等更大的益处。

在对实验结果进行分析之后，我发现，尽管绝对的努力程度是完全一样的，但是那些自我感觉比别人更努力的被试者，更多选择了"爆米花电影"。这说明，由于他们认为自己付出了更高的努力，所以放松了自我控制。由于所有被试者付出的努力程度是一样的，因此，鲍迈斯特学派的自我损耗理论无法解释这个实验的结果，我也成功跨越了横亘在我面前的这座大山。

我的博士论文的第二个主要发现是，除了努力，优秀也会让人放松自我控制。与"努力"实验中保持绝对努力程度相同而相对感知努力程度不同类似，在另一个实验中，我保持绝对优秀程度相同而相对感知优秀程度不同。在实验中，被试者被随机分成两组，所有被试者做同样的键盘反应练习。具体来说，电脑屏幕上会快速闪现一系列字母，根据指定的规则，被试者要在键盘上按代表向上、下、左、右的箭头按键或空格键。例如，出现字母Z时，被试者需要按向上的箭头键。如果按对了，被试者就得分；如果按错了，被试者就会被扣分。电脑会自动在后台记录被试者最后的总分。这个键盘反应练习结束后，其中一组被试者被告知他们的真实分数，而另一组被试者则被告知加上数字100之后的分数，还被告知他们的表现超过了95%的人。之后，被试者被要求选择一个奖品：价值5美元的金霸王AA干电池，或者价值5美元的费列罗巧克力。这实际上是对被试者自我控制的测量。对结果进行分析之后，我发现虽然两组被试者真实表现类似，但被告知虚假分数的那组被试者更容易奖励自己享乐品（巧克力），也就是放松了自我控制。

我的博士论文的第三个重要发现是，能够让人放松自控的另外一个关键因素是不花钱。很多时候人们自控是因为他们不喜欢花钱的痛苦。例如，很多人都想去享受和放纵，但是如果要花钱的话，他们很可能会放弃这种想法，因为钱对任何人来说都是有限的资源。对于这个发现，我也做了一个实验去验证。我首先找了两个价值差不多的商品：一张价值八十美元的 SPA^① 按摩券或一张价值八十美元的理发券（可以理四次头发）。然后，我把被试者随机分成四组。在其中两组中，我分别问被试者愿意花多少钱购买 SPA 按摩券或者理发券。对于这两种券，两组被试者愿意花的钱差不多。在另外两组中，我分别问被试者如果可以通过填写问卷（每份问卷大约需要十五分钟填完）获得奖品，他们愿意填写多少问卷以获得 SPA 按摩券或者理发券。在以上四组中，每位被试者都只会被问到其中一个问题。结果很有意思，我发现大多数人更愿意付出更多的努力去获得 SPA 按摩券，虽然两种券价值差不多。出现这种现象的原因在于：理发是生活必需品，人们本来就会花钱去做这件事，所以没有动力；而 SPA 按摩是享乐品，很多人舍不得花钱去做 SPA 按摩，如果能不花钱而通过努力就能获得，人们愿意花费更多的努力。这个发现也表明，人们很想要、但舍不得花钱买的享乐品更适合当作奖品，而人们本来就会花钱购买的必需品，比如大米、油等，拿来当作奖品效果不佳。

我的这篇博士毕业论文后来发表在心理学的顶级期刊《实验心理学报》（*Journal of Experimental Psychology: General*）上。在哥大读博的五年期间，我跟着导师做了很多研究，也从他身上学到了很多。导师当时是美国营销学术界的超级明星，短短六年

---

① SPA 指一种利用水疗来消除身心疲劳的美容养生项目。——编者注

时间，他便在顶级期刊上发表了十二篇论文。我能够遇到这样的导师是一种幸运。我发现，导师之所以那么优秀，与他的时间管理关系很大。他每天乘出租车而不是开车来学校，因为停车很麻烦，且停车场离办公室很远，会浪费不少时间。在纽约乘出租车很贵，但导师从来不在乎。另外，当智能手机还不普及时，我的导师已经开始用智能手机了。他在出租车上也一直工作，几乎全程都在打电话和回邮件。那时我就发现，优秀的人每分钟都在产生生产力。他的这种分秒必争的工作方式直到今天仍然对我影响很大。

不过，导师也有缺点，这些缺点有时候让我很痛苦。第一，他对自己的关注远远高于对学生的关注。比如，我前面提到的文章署名权的故事。第二，导师总是太忙，以至于经常不守时。比如，我们在电子邮件里约的是下午两点在他办公室碰面，结果往往是我在他办公室门口等一两个小时他才开门，有时甚至等了三四个小时才等到他开门，这时候他却告诉我他有事要出门，没有时间了，如果我实在着急讨论，可以陪他从办公室一起走到校门口，这样路上大约有五分钟时间可以聊一聊。等了三四个小时却只换来五分钟的时间，有时候我心里非常委屈。那时候，我也暗暗告诉自己，自己将来当老师时，一定不能这样对待学生。

2019 年，导师发邮件告诉我说，他想到中国旅游，此时我回国任教已经很长时间了。我知道导师之前从来没有来过中国，于是我希望好好招待他，以表达自己对他的感恩之心。那一次他是和一个朋友一起来的。大概晚上十一点，他们才入住北京的酒店，安顿好后我请他们在五道口吃夜宵。吃饭时，我问导师想去中国哪些地方玩儿。没想到导师提前做了攻略，对中国非常了解，他告诉我他们想去中国的著名古都西安、电影《阿凡达》的取景地张家界、"山水甲天下"的桂林，还有中国最现代化的城市上海。在吃夜宵的一个小时里，我把这四个地方的机票、酒店全部帮导师订好了。

不过，还有一个问题，导师和他的朋友都不会讲中文，如果没人接待，他们会非常不方便。为了让他们的旅游体验更好，我翻开手机通讯录，联系了我在这四个地方的学生和朋友，请他们帮我接待导师。真的非常感谢他们的帮助，导师和他的朋友一路上都享受了"VIP①服务"：全程专车接送、各大景点提前买好票并全程陪同。上海的一位企业家学生更是请导师去了位于上海最高楼上海中心大厦顶层的豪华餐厅吃饭，在那里导师看到了整个外滩的美丽夜景。在这次中国之旅中，导师感受到了中国人民的热情。

除了新冠肺炎疫情那段时间之外，我几乎每年都会去纽约和导师见面。有意思的是，我博士毕业之后，我和导师的关系比之

---

① 即贵宾，very important person。——编者注

前更好了。毕业前，我俩之间毕竟是老师和学生的关系，地位不对等。现在，我每次去纽约看他时，导师都会特别热情地请我吃饭，还经常带我去各个获得米其林星级的餐厅大快朵颐。我带着企业家学生去纽约访学时，也会邀请导师为企业家学生讲课。有时候，我也在现场听课，仿佛又回到了读博的时候。

博士毕业，回国任教

READING

二十场面试

我在哥大商学院的博士项目读了五年，这是商学院博士生毕业的标准年限。少数"读"得快的博士生可以四年就毕业，但也有不少博士生需要花费六年甚至更长时间才能毕业。哥大营销系有个比我大三届的中国师姐周蓉蓉，非常厉害，只用了四年就博士毕业了。而且，她是从复旦大学本科毕业后就直接去哥伦比亚大学读博士，比我又省了两年攻读硕士研究生的时间。更加不可思议的是，因为她天资聪慧，上小学上得早，所以她十六岁就成了复旦大学的大一新生，比同班同学早了两年。这样，她二十四岁就从哥大商学院博士毕业，并回国进入香港科技大学商学院任教。而我，二十五岁才开始在哥伦比亚大学商学院攻读博士，等到博士毕业时已经三十岁了。不过，太早毕业也有"坏处"。师姐后来告诉我，她刚去香港科技大学商学院任教，给 MBA 学生上课

时，发现自己比学生们还年轻，难免有些尴尬。为了显得年龄大
些，师姐还被迫去烫了头发，并嘱咐发型师："请把我的发型设计
得成熟老气一些。"

博士毕业时，有两件事给我留下了深刻印象。第一件事是毕
业典礼，第二件事是找工作。毕业典礼时，我邀请父母来美国参
加。然而，由于父母都是福建人，而福建人申请美国签证非常难。
按规定，福建人必须去美国驻广州领事馆办理签证。父母乘坐大
巴十几个小时赶到广州之后，又在美国领事馆里排队几个小时，
最后等待他们的却是拒签。这让父母和我都非常伤心。于是，我
决定自己飞回中国，陪父母一起去办理签证。当时，我从纽约飞
到北京，父母从福建坐火车到北京，我们一起去美国驻北京大使
馆办理签证。美国驻北京大使馆依旧人山人海。等排到我们时，
签证官问我："你的父母应该在广州办理签证，为什么来北京办
理？"我回答道："是的，他们应该去广州办理签证。但是，他们
去了好几次，每次都被拒签，就因为他们是福建人。所以我这次
专门飞回北京，陪他们一起办理签证。我希望他们能去美国参加
我的博士毕业典礼。如果他们去不了，我的毕业典礼也就没有任
何意义了。"听到我的话，或许是被我打动了，签证官当即对父
母说："你们的签证通过了，祝你们去美国参加儿子的毕业典礼
开心！"

拿到签证之后不久，父母和我一起飞到纽约，参加我的博士

毕业典礼。毕业典礼在哥伦比亚大学的校园里举行，上万人一起参加，校园里人山人海，一片欢乐的气氛。令父母没想到的是，学校向所有人提供了免费的午餐和饮料——尽管只是简单的汉堡、热狗和可乐等，但对上万人免费提供，也是一大笔费用。父母感叹学校竟然这么大方，我笑着说："这才是聪明的学校。这些午餐和饮料，也许需要花费学校几千万美元。但是，只要有一个校友捐款，学校就赚回来了。"确实如此，美国的大学都非常重视维护与学生和学生父母的感情以及对他们的服务，而这也获得了回报——哥伦比亚大学校友捐赠的基金高达近百亿美元！

让我印象深刻的第二件事是博士毕业之前找工作。按照营销学术界的行规，如果我要在学术界找一份教职工作，就需要在毕业前一年的暑假参加美国营销协会举办的暑期教育行业年会（AMA Summer Educator's Conference）。这实际上是美国营销学术界举办的大型现场面试会。在此之前的几个月，全美各大商学院营销系的博士生们都会发出求职信给自己心仪的学校。如果学校觉得某个候选人有潜力，就会发出面试邀请，邀请该候选人去参加暑期教育行业年会，并约定具体的面试时间。通常来说，面试就在各个学校预订的酒店房间里举行，每小时一场面试，面试时间长达四十五分钟，剩下的十五分钟是休息时间，以便候选人赶到下一个学校所在的面试房间。非常有意思的是，由于每个候选人都要乘坐电梯去参加面试，所以每逢整点之前的十五分钟，就是电梯的高峰需求时刻。即使电梯开门之后，成功挤进电梯并按了想去的楼层，你还是会感觉电梯慢得像蜗牛爬行。电梯里的每个人去的楼层都不一样，因此电梯几乎每层都会停，慢到让你"怀疑人生"。

现在回想起来，那真是特别有意思的一年。在我读博士四年级下学期发出求职信的时候，导师告诉我，求职信将以他的名义发出。由于我是导师的第一个博士生，因此他特别重视。导师给我写了一封热情洋溢的推荐信，在信里向各大商学院营销系的负责人推荐我，赞扬我的学术潜力，并在信里详细介绍了我和他一起做的几个研究项目。感谢导师的这封推荐信，后来，我收到了全球约二十个学校的面试邀请，包括纽约大学、多伦多大学、不列颠哥伦比亚大学（University of British Columbia，简称 UBC）、佐治亚大学、新加坡国立大学、香港科技大学、香港城市大学、清华大学及北京大学等。

为了参加面试，我花重金买了一套西服、一双皮鞋，以及一个高级公文皮包等面试需要的行头。同时，我开始认真准备面试，希望在面试会上表现出色，以获得下一轮的到校面试邀请。导师给了我一次模拟面试的机会，指导我应该如何在面试中展示自己。

除了认真准备面试，我也去学习了西餐的就餐礼仪。因为如果我在暑期教育行业年会面试成功的话，我就会获得到校面试的邀请，届时将需要和面试我的教授们一起就餐。由于我读博士期间比较穷，很少吃正式的西餐，担心自己不懂就餐礼仪，于是我报名参加了哥伦比亚大学为学生们进行的就餐礼仪培训。印象非常深的是，就餐礼仪培训在哥伦比亚大学的教授俱乐部进行，收费十五美元左右。我去参加了才发现，那顿大餐在校外餐厅至少需要支付五十至一百美元！收获更大的则是就餐礼仪的学习。入座后，看到餐桌上摆了四把刀、三把叉和一把勺子，我有点不知所措。经过学习之后，我才知道，首先用第一把刀给餐前面包抹黄油，之后用勺子喝餐前浓汤；然后，我需要用排在最外面的第一对刀叉吃第一道餐——沙拉；吃完沙拉后，再用排在外面的第二对刀叉吃第二道餐——牛排；吃完牛排后，再用剩下的那对刀叉吃第三道餐——甜点。我还学习到，白色的餐布在吃饭时要放在双腿上，如果席间需要去卫生间，可以把餐布放在椅子上，以表示该座位有人，就餐还会继续；而如果吃完了，则可以把餐布放在桌子上，表示已经吃完了，餐厅服务员看到之后就会过来收餐具。学习完就餐礼仪，我的第一感觉就是，吃西餐真的好复杂啊！

那一年的美国营销协会暑期教育行业年会在波士顿举行。波士顿离纽约很近，只有三百多公里，开车即可前往。但如果自己开车的话，车一直停在酒店车库里，需要支付昂贵的停车费。于是，我最后决定去中国城乘坐华人大巴前往波士顿——只需要支付十五美元。

抵达波士顿后，我入住了会议指定的万豪酒店，晚上也没有时间去波士顿游玩——为第二天的多个面试做准备。第二天八点，我的第一场面试就开始了，是加拿大的 UBC。我轻轻敲开 UBC 预订的酒店房间门，走了进去，发现有四位教授非常拥挤地坐在房间里的床边和椅子上。我一下子有点不知所措：我没想到面试的房间竟然就是一个普通的酒店房间。

看到我有点儿窘迫的样子，有位教授非常友好地对我说："你是毓煌吧？请坐在这个椅子上，我们待会儿就开始，你是今天我们面试的第一位候选人。"于是，我坐在那个椅子上，拿出一个小展架和打印好的 PPT，开始了我的博士论文分享。我只有大约二十分钟的时间陈述我的博士论文，之后就开始回答教授们的提问。教授们纷纷提出各种非常有挑战性的问题。例如，其中第一个问题就是："你的研究怎么排除鲍迈斯特学派的自我损耗解释？"幸亏我之前做足了准备，于是重点分享了我前面提到的实验及对实验结果的分析。听到这儿，教授们点了点头。回答完教授们的提问，时间已经到了八点四十五分，于是我和教授们告别，赶去参加九点开始的第二场面试。

那一天，我一共花了十个小时，完成了十场学校的面试，几乎全天都是在紧张中度过的。到了晚上，我终于回到了自己的房间，累得躺倒在床上。第二天，我又花了十个小时，完成了剩下的十场面试。在完成所有面试的那天晚上，我去吃了波士顿著名的龙虾——是该好好犒劳自己一顿了。第三天，我乘坐中国城的华人大巴回到纽约。接下来，就是耐心等待这些学校是否邀请我到校进行第二轮面试的回信了。

毕业去哪儿

过了几天，我开始陆续接到一些学校的第二轮面试邀请，其中包括不列颠哥伦比亚大学、佐治亚大学、香港科技大学、香港城市大学、清华大学、北京大学等学校的到校面试邀请。接下来，我就要飞往位于全球各地的这些学校去面试了。按照全球营销学术界的惯例，候选人参加面试所需的差旅费用都由对方学校提供，因此每个学校邀请来校进行面试的候选人都不多，一般只有五六个，大约每周安排一个。在所有候选人面试之后，学校会在这五六个候选人中做出选择，决定最终录取哪一位候选人。

去这些学校面试的行程都安排在了我读博士五年级的上学期。那个秋天，我频繁飞往全球各地参加到校面试，也第一次成为一家美国航空公司的白金卡会员。会员福利就是只要航班上的头等舱有空座，在美国国内的航班都可以免费升舱到头等舱。有一次，我不仅被免费升舱，还遇到了美国著名女演员卡梅隆·迪亚茨，她就坐在我隔壁。当时正是她非常火的时候，我非常喜欢看她主演的动作电影《霹雳娇娃》，也非常喜欢她参与配音的动画电影《怪物史瑞克》。不过，尽管我很崇拜她，当时还是不好意思和她说话。

在这些学校的到校面试中，给我印象最深的学校还是加拿大的 UBC。UBC 位于温哥华的海边，风景非常优美，学生们在校内就可坐拥辽阔太平洋的美丽海滩，UBC 也被誉为加拿大西海岸的一颗明珠，并被评为全球最美丽的校园之一。

与波士顿美国营销协会夏季教育者年会上的面试相比，到校面试要更加正式。在 UBC 的这次到校面试中，我一天的行程被安排得满满当当。除了要做一场九十分钟的学术报告之外，我还被安排和 UBC 市场营销系的几乎每一个教授单独面试。之所以这样安排，主要是因为教授们希望多了解候选人。毕竟，候选人可能是将来的同事，谁会希望招一个自己不喜欢的人做同事呢？因为 UBC 市场营销系有十几个教授，每个教授和我的会面时间是一小时，所以我一整天的时间都被排满了，包括早餐、午餐和晚餐，各有一个教授与我一起吃饭——吃饭也是面试。

当天早晨，UBC 的一位教授来到我住的酒店和我一起共进早餐。北美的酒店早餐有两种模式，一种是国内酒店常见的自助早餐，另一种是当时国内酒店比较少见的自由点餐。当时，这位 UBC 教授对我说，咱们多聊一会儿，就不吃自助早餐了，我们来点餐，这样会有服务员送餐过来。我说："好啊。"于是，我们就开始点餐。他先点好了自己的早餐，然后问我早餐喜欢吃什么。

教授问我："你喜欢吃哪种做法的鸡蛋？"

没想到的是，这个问题把我问住了。在美国读博士期间，由于经济拮据，我出去社交的机会少，没有和美国人一起吃过早餐，自己偶尔出去住酒店也都是吃自助早餐。因此对于鸡蛋的不同做法（如炒蛋、单面煎、双面煎等），确实不知道用英文该如何表达。我本想说我平时喜欢吃单面煎的鸡蛋，但我一下子卡壳了，不知道该怎么说，于是我就说"One-side cooked"。结果。看到 UBC 教授的表情，我立刻意识到自己说错了。他笑着问我："Do you mean sunny-side up？"

当时，我非常尴尬，恨不得钻进地缝里。后来，我问了朋友，才知道了各种鸡蛋做法的地道英语说法：单面煎叫 sunny-side up（太阳面朝上），双面煎叫 over easy（翻过来容易），炒蛋叫 scrambled egg，水煮蛋叫 boiled egg，去壳水煮蛋叫 poached egg（国内也叫"水波蛋"）。这些说法都是日常口语，并不会出现在我平时学习的英文论文里。我也因为这件事意识到自己的英语水平需要进一步提高，需要和当地人多交流，才会学到更多课本上没有的生活用语。

那一天晚上，在 UBC 的到校面试完成之后，我在酒店里辗转反侧。果然，我最终没有被 UBC 录取。我猜想，那位 UBC 教授可能会在候选人评价会上这么说："这个来自中国的候选人连鸡蛋各种做法的英语都不会说，怎么能教学生上课呢？"直到现在，每次和朋友说到这件事情，我都会开玩笑说："学会点餐很重要哦！"其实，更重要的是，如果出国留学，一定要融入当地人的文化。比如，最好和当地人一起租房子住，多参加当地人的活动；否则，如果出国留学后还是天天只和中国同学交往，不仅很难融入当地，也很难学到课本之外的东西。

在到校面试的过程中，最开心的莫过于回国的面试了。我飞了一趟香港，去香港科技大学和香港城市大学面试；后来又飞了一趟北京，去清华大学和北京大学面试。回国面试感受到的最大不同就是热情和温暖，不仅在于用中文沟通，更重要的是文化。

在香港科技大学面试时，我住在学校里的一个海景房。我想如果在这里工作和生活的话，可以天天看海景，真是太美了！尽管香港科技大学没有太长的历史，但其研究能力真是强大。香港科技大学是香港为配合 20 世纪 80 年代经济结构转型需要而创办的第三所大学，也是香港第一所研究型大学。1986 年 9 月，香港科技大学筹备委员会成立。1991 年 10 月，香港科技大学举行开幕典礼。香港科技大学尽管年轻，但其学术研究水平在全球排名前列。在全球营销学术界，香港科技大学的地位非常高，经常排在前二十名。我对香港科技大学的教授们也开玩笑说："难怪你们研究这么厉害——有这么好的海景，肯定能静心做学问，专心致志做研究。"

在香港城市大学面试的感受很特别。这两个大学虽然都在香港，但是很不一样：香港科技大学商学院效仿了美国的商学院制度，非常国际化，有很多外籍教授，包括商学院的院长也是外国人；而香港城市大学相较而言更加本土化，几乎全是中国教授。去香港城市大学面试时，学校安排我住在旺角东的一家酒店，乘坐一站地铁便能到达香港城市大学所在的九龙塘站。学校位于繁华的市中心，周围都是购物中心，校园不是封闭式的。这一点与纽约大学有点像，不同的是，纽约大学有很多栋大楼，而香港城市大学整个学校只有一栋楼，但这栋楼非常大，大到让我惊叹。

我去香港城市大学面试时，认识了一位同样来自福建的资深教授周南。周南教授当时是香港城市大学市场营销系的系主任。虽是初次见面，但周南教授和其他教授对我照顾有加，非常热情。这与我在香港科技大学的体验完全不同。香港科技大学更像国外的学校，比较国际化。外国人待人通常彬彬有礼，但我们感受不到他们特别的热情，而中国人自古以来就热情好客，对待客人经常如对待家人一样，甚至比对家人还周到热情。面试结束之后，我和周南教授还一直保持着联络，成为忘年交。

说到周南教授，他的人生经历也是一个印证"读书改变命运"的传奇故事。周南1952年出生于福建古田，并在福建沙县长大。他只读过一年初中，之后知青插队六年，并做了近一年木工学徒。他还当过三年工农兵大学生，1978年毕业于福州大学土建系工业与民用建筑专业。1981年周南教授考上教育部出国研究生，是第一批公派留学生。1984 年获得爱达荷州立大学 MBA，1987 年获得犹他大学市场营销学博士学位，先后在犹他大学与加拿大阿卡迪亚大学（Acadia University）大学任教，1994 年到香港城市理工学院（后来改名为香港城市大学）任教，1997—2009 年任香港城市大学商学院市场营销学系代系主任／系主任。根据《全球营销学报》（*Journal of Global Marketing*）2000 年统计，在 1978—1998 年间以英文语种出版的、国际性主要学术期刊上发表的、关于中国营销的论文的作者中，周南教授文章总数排名第三；根据 SSCI[①]统计，周南教授在 1996—1998 年间的论文被引用次数排名第四。2019 年，周南教授荣获国际商业研究学报创刊五十周年银奖（Journal of International Business Studies 50 Years Silver Medal），以及中国高等院校市场学研究会首届杰出贡献奖。周南教授还在五十一岁时第一次参加马拉松全程比赛并顺利跑完，现在还担任香港城市大学越野长跑队名誉领队。

正是由于周南教授和香港城市大学其他教授的热情邀请，我当时觉得到香港城市大学工作应该是个不错的选择。后来我真的拿到了香港城市大学的录用通知，对方甚至给我开出了上百万元的年薪。周南教授非常希望我能加入，但后来我没去，内心还有些愧疚。

[①] 即社会科学引文索引，是目前世界上可用来对不同国家和地区的社会科学论文的数量进行统计分析的大型检索工具。——编者注

我之所以没去香港城市大学，是因为我在考虑去香港还是回北京。香港与国际接轨更多又保留了中国的传统文化基因，似乎是个更好的选择，当时我经历了长时间的思想斗争。

结束了两所香港大学的面试后，我便飞回了纽约。后来，我又一次飞回北京参加了清华大学和北京大学的面试。我通过了北大光华管理学院市场营销系面试，虽然后来我没有加入北大，但我和北大市场营销系的教授们一直保持着很好的关系，我很喜欢北大那种"思想自由，兼容并包"的精神。

回归母校，报效祖国

之所以选择回清华，自然是因为清华是我的母校。而且，当时清华市场营销系的系主任赵平教授是我在清华攻读工商管理硕士时的毕业论文导师。我在留学期间一直与赵平教授保持着联系。2004年秋天我参加面试时，清华大学市场营销系刚刚成立。2004年6月，清华大学经济管理学院参考国外顶尖商学院的做法，将原有的企业管理系按照专业领域的不同分拆成三个独立的系——市场营销系、人力资源系和企业战略系。赵平教授之前是企业管理系的系主任，后来成为市场营销系的系主任。

在与赵平教授交流的过程中，我被他的言行一次次打动。赵平教授对我说："虽然回到清华，收入没国外高校或者香港的大学那么高，但你可以做更多的事，为祖国做出更多的贡献。"他提到了自己去美国参加营销学术会议的经历。2004年，由清华、北大联合主办的第一届中国营销科学学术年会刚刚举办，只有几十人参会，他因此到美国参会时被美国营销学术界上千人参会的规模震撼。他鼓励我回国，一起发展壮大中国的营销学术界。

因为我是在美国读的营销学博士，比较了解美国营销学博士的人才培养模式和营销学术界的运行规则，所以我与赵平教授分享了自己的所见所闻所感。我分享的其中一点是，美国营销学术界有四大顶级A+类营销期刊，除此之外，还有很多A类学术期刊，而B类学术期刊更是数不胜数。相比之下，那时候的国内营销学术界却没有一本营销类的学术期刊。于是我向赵平教授建议："您作为清华大学市场营销系的系主任，是国内营销学术界泰山北斗式的人物，应该带头做一本国内的营销学术期刊。"同时，我还建议他参考美国营销协会暑期教育行业年会的做法，在举办中国营销科学学术年会的同时，也加入招聘功能，为国内各大高校的市场营销系和即将毕业的营销学博士生创造更多交流的机会。

我当时并不了解创办一个学术期刊的难度，也不知道举办中国营销科学学术年会要付出多大的努力，只是把我在美国的经历和见闻分享给了他。没想到，赵平教授真的做成了这两件事。

2005年6月，在赵平教授的带领下，清华大学市场营销系和北京大学市场营销系联合创办了《营销科学学报》，赵平教授和北大的涂平教授分别担任创刊主编和副主编。

对于《营销科学学报》期刊发表文章的标准，我也与赵平教授分享了美国的做法。在美国，投稿人将文章投递给学术期刊之后，学术期刊会通过双盲评审（double blind review）选出符合发表标准的文章。那时候，国内很多权威期刊还没有推行双盲评审标准。双盲评审是指主编把权力下放给评审人员，评审人员看不到投稿人的姓名等个人资料，投稿人也不知道自己的文章被分配给哪些评审人员，因此，这是一种更加合理的评审制度，在很大程度上杜绝了人为因素影响文章发表的情况，评审人员只依据文章质量判断是否符合发表标准。这件事赵平教授也做成了，《营销科学学报》在评选文章时就采用了双盲评审制度。现在，《营销科学学报》已经有了刊号，而且也成了国内营销学术界的旗舰期刊。

赵平教授还不遗余力地推动中国营销科学学术年会的发展。第一届中国营销科学学术年会在清华举办之后，国内各大主流高校开始轮流举办每一届年会，北京大学、武汉大学、中山大学、天津大学、上海交通大学、复旦大学等高校都举办过中国营销科学学术年会。在各大领先高校的努力下，中国营销科学学术年会也逐渐发展壮大，从 2004 年第一届年会时只有几十人参加，到 2019 年第十六届年会有上千人参加。确实，短短十五年里，中国营销学术界也经历了翻天覆地的变化。而且，在后来的中国营销科学学术年会上，也加入了博士生论坛，主要对博士生开放，同时也提供了一个各大高校与博士生见面的机会。

说到赵平教授，他也有一个"读书改变命运"的传奇人生。他1954年出生于吉林，中学时代没有太多的学习机会。在1978年恢复高考之后，他凭借自己的努力成为第一批考上大学的大学生之一。1982年，赵平获得吉林大学学士学位，并在1985年获得天津大学的硕士学位。之后，他考上了清华大学经济管理学院的博士，并成为朱镕基院长亲自指导的第一位博士生。1992年，他博士毕业于清华大学。留校任教之后，他长期担任企业管理系的系主任和市场营销系的系主任，主持了多项国家级和省部级科研项目并获得好评，如国家自然科学基金委员会的重点课题"中国本土品牌成长与创新研究"，结题为优秀；他和团队开发的"中国顾客满意指数"在政府、大学和企业都获得了广泛的应用，被作为权威性经济指标并获得了"科技兴检奖"。而他领导创办的《营销科学学报》和中国营销科学学术年会，如今都已分别成为中国营销学术界最具权威性的学术刊物和学术年会。前两年，赵平教授在清华大学荣休之后，还捐赠成立了"《营销科学学报》年度最佳论文奖"。为了感谢赵平教授对中国营销学术界做出的巨大贡献，这个奖又被称为"赵平奖"。

作为赵平教授指导过的工商管理硕士，后来从哥伦比亚大学博士毕业后又加入清华市场营销系、成为赵平教授的同事，我感到非常幸运。我亲眼见证了赵平教授创办《营销科学学报》和举办中国营销科学学术年会"从 0 到 1"的过程，也非常有幸能够亲身参与。可以说，赵平教授对中国营销学术界的贡献极大。如今，赵平教授也早已桃李满天下，他指导的博士生、博士后们出站之后大都成为全国各大高校的著名教授，许多还担任系主任等重要职务。他的博士生董松挺毕业之后成功获得澳大利亚国立大学的教职，成为中国营销学术界首位毕业后去国外著名高校任教的毕业生。每年 4 月底赵平教授过生日时，学生们都会从全国各地飞到北京一起为他庆生。前几年，为了感谢赵平教授的巨大贡献，赵平教授的学生、高榕资本创始人张震还在清华大学经济管理学院捐款成立了"赵平－高榕资本创新创业奖学金"，每年奖励在创新创业方面有突出表现的清华在校学生，奖学金金额高达三万元/人。

说到赵平教授，就不能不提到他的博士论文导师朱镕基先生。他是清华大学经济管理学院首任院长（1984—2001 年）。2000 年10 月，在朱镕基院长的推动之下，清华大学经济管理学院建立了全明星的顾问委员会。即使在今天，这个顾问委员会依然是全球最豪华的配置，委员包括中国多位政府官员、世界知名企业的首席执行官（CEO）、哈佛等全球各大顶级商学院的院长等。例如，美国财政部原部长、高盛集团原董事长兼首席执行官亨利·保尔森就是清华大学经济管理学院顾问委员会的首任主席；而苹果公司首席执行官蒂姆·库克则是现任清华大学经济管理学院顾问委员会的主席。为了感谢朱镕基老院长做出的巨大贡献，今天仍然由朱镕基担任顾问委员会的名誉主席。当时，该顾问委员会成立后不久，委员们就在会议上提出了国内大学人事体制上存在的问题。师资力量是否优秀决定了一个大学的水平，但当时中国各大学普遍都有博士生留校任教的传统，而这很容易导致学术上的"近亲繁殖"，对学校的发展有害无利。

当时，该顾问委员会建议清华大学经济管理学院学习美国各大商学院的做法。在美国，所有博士生毕业后都不能留校，必须去其他学校找教职。于是，评价导师能力的标准就变成了导师带的博士生能不能在其他名校找到教职。后来，清华大学经济管理学院采纳了这个建议，开始要求博士毕业生不能留校任教，并把学院的教职向全球各大名校的博士毕业生开放。2004年我回国面试时也正好赶上了这个制度改革的福利。后来，在清华大学的带领之下，国内各大名校也纷纷推出类似的人事制度改革，大幅提高了师资力量，国内各大名校的学术水平和风气也都有了长足进步。

从哥伦比亚大学博士毕业后，我在美国纽约的一所大学先工作了一段时间，再回到清华大学入职。当时，赵平教授牵头创办的《营销科学学报》已经颇具规模，中国营销科学学术年会也举办得有声有色，每年由国内各大名校轮流主办。想要主办中国营销科学学术年会的学校需要提前一年递交申请，再由理事会进行投票，选出获得举办资格的学校。2010年时，赵平教授给我提出宝贵的建议：2011年正值清华的百年校庆，要争取再次在清华举办中国营销科学学术年会。我们当时的竞争对手不少，而且这些竞争对手因为没有办过年会，反而比清华更有优势。

在这种情况下，赵平教授给我出了一个主意：邀请台湾清华大学联合举办年会。台湾清华大学和北京清华大学的前身是同一个清华学堂。如果两岸清华大学能携手举办年会，不仅对学术界有重要意义，更能促进两岸合作。于是，我在台湾清华大学科技管理学院的官网上寻找市场营销系负责人的联系方式，最后找到了时任副院长丘宏昌教授的电子邮箱。我立刻给丘教授写了一封邮件，邮件的大概内容是："尊敬的丘教授，我是清华大学的郑毓煌。大陆每年会举办中国营销科学学术年会，这是一个全国规模的大会，诚挚邀请台湾清华与北京清华联合申请举办明年的年会。这不仅有益于营销学术界的发展，更有利于两岸合作。"

令我惊喜的是，我很快就收到了丘教授的回信，他愉快地接受了邀请。关于丘教授的回信，还有一点值得分享。丘教授的字里行间都让我感受到被尊重，尽管他已经是资深教授，不仅资历深，年龄也大我很多，但是对我这个"学术晚辈"，他在邮件里尊称我为"毓煌兄"。

在成功邀请到台湾清华大学一起联合申请年会之后，我们觉得已经胜券在握、志在必得了。没想到，最后我们竟然输给了大连理工大学。我还记得大连理工大学的教授在会上的拉票宣言："欢迎各位教授明年夏天到美丽的大连，欣赏无敌海景，吃最新鲜的海鲜。"这番话确实非常有吸引力。

不过，我们没有气馁。2011 年，两岸清华再次联合申请举办2012 年中国营销科学学术年会。这一次，我们高票通过，可能是各个学校的教授们都被我们的坚持感动了，两岸清华终于共同获得了下一届年会的举办权。

帮助学生改变命运

回到清华任教之后，我在学术研究、教学实践和人才培养方面都投入了很大的精力。由于我比较熟悉国外名校博士项目的情况，系主任赵平教授邀请我担任市场营销系博士项目的主任，帮助设计博士生的课程体系，也让我承担了很多博士生的教学工作。我带着我的博士生们做了多项研究，发表了很多论文，也获得了不少荣誉。2009—2015 年，我是在《营销科学学报》上发表论文最多的学者，也是在中国营销科学学术年会暨博士生论坛上论文获奖数量最多的学者。我成功申请并主持了多个国家自然科学基金项目，其中还有两个项目的研究成果被国家自然科学基金委评为"优"。

特别令人骄傲的是，在学生的培养上，我帮助很多学生改变了他们的命运。以博士生为例。每一年，申请清华营销系博士项目的候选人数几乎都会超过一百人，但最终被录取的只有五人左右，录取率低至5%，竞争非常激烈。我的第一个博士生叫陈瑞。在面试时，我了解到他来自山东农村。或许是因为我也来自农村，我被他眼中的渴望打动了。我知道，来自农村的孩子通常愿意付出比别人更大的努力，以求改变命运。果然，入学之后，陈瑞非常努力，在我的指导之下做了许多实验，几乎每周都去图书馆和教学楼的各个教室里收集数据。当时，我俩和新加坡国立大学的张岩教授一起做了一个非常有意思的研究项目——《男人花心，女人痴心：配偶动机对消费中多样化寻求行为的影响》（*Fickle Men, Faithful Women: Effects of Mating Cues on Men's and Women's Variety-Seeking Behavior in Consumption*）。通过一系列研究，我们发现：短期配偶动机会激发男性"花心"的思维范式，进一步影响男性在消费时也更加"朝三暮四"，即对消费产品的选择多样化，但对女性影响不明显；相反，长期配偶动机会降低女性在消费中的多样性寻求行为，但对男性影响不明显。2016年，这篇论文在全球营销学术界顶尖学术期刊、《金融时报》（*Financial Times*）五大营销顶级期刊之一的《消费者心理学报》（*Journal of Consumer Psychology*）上发表。发表之后，大量媒体报道了我们的研究发现，很多都从

"如何发现渣男"这个角度来报道，这确实有些出乎我们的意料。从清华博士毕业之后，陈瑞到厦门大学任教，在事业和家庭上都非常成功。每次我回福建经过厦门时，只要有空，他都会热情地请我吃饭。看到农村出身的他通过读书改变了命运，我非常开心。这也是做老师这个职业能收获的极大快乐之一。

在我指导过的硕士生中，令我印象深刻的一位学生叫陶陶，她本科毕业于北京林业大学，来清华读硕士时，她对学术研究很感兴趣，不仅旁听了我的博士生课程，而且每周都参加我和博士生的研究组会。我也和她一起做了一个有趣的研究项目。我们发现，尽管数值相同，但是人们对不同的量表的感知不同。例如，如果一个老师的课程评估分数是4/5（5分量表里，得分是4分），人们对4/5的感知会好于8/10（10分量表里，得分是8分），尽管两者其实是相等的（4/5=8/10）。我鼓励陶陶从清华硕士毕业之后，继续读博深造，最终她顺利被香港中文大学的营销学博士项目录取。后来，她还邀请香港中文大学的著名教授罗伯特·韦尔加入我们的研究项目。我们三人的论文《数字信息判断的量表范围效应：一个两阶段模型》（*The Scale Range Effect on Numerical Information Judgment: A Two-Process Model*）在全球心理学术界顶尖学术期刊《实验心理学报》（*Journal of Experimental Psychology: General*）上发表。

由于清华的营销系没有本科生，所以我没有给本科生上过课。

不过，我给博士生或者硕士生上课时，经常会有一些对学术研究感兴趣的本科生来旁听，我每次都欢迎他们的加入。我印象非常深的一位本科生叫刘晓，她对学术研究非常感兴趣，大三时就开始旁听我的博士生课程，而且每周都参加我和博士生的研究组会。后来，我们还一起做了一个研究项目：发现商品的陈列方式会影响人们的自我控制。本科毕业之后，她顺利被美国卡耐基梅隆大学的营销学博士项目录取。博士毕业之后，她去了纽约大学商学院任教。要知道，纽约大学商学院非常知名，全美国各大名校毕业的博士生能够获得纽约大学商学院的录取也极为不易！另外一位给我留下深刻印象的本科生是刘裔，他在清华读本科时就对营销的学术研究非常感兴趣，后来顺利去了全球著名的沃顿商学院攻读营销学博士。2019 年，我去沃顿商学院访问时，还和他开心相聚。在所有与我打交道的本科生中，最令我感到骄傲和自豪的是黄靓，她在本科阶段就对学术感兴趣并旁听了我的博士生课程，也经常参加我的研究组会。本科毕业后，她去美国深造攻读营销学博士，两年前她博士毕业回到清华任教，成为我的同事。看到自己的学生在全球各地获得成功，我非常开心，确实有一种"桃李满天下"的成就感。

被《科学》杂志报道的研究

说到学术研究，我最骄傲的一篇论文是新冠肺炎疫情期间发表在《美国科学院院报》（*Proceedings of the National Academy of Sciences*，简称 *PNAS*）上的论文——《当口罩成为一种道德标志：在新冠疫情期间的中国，口罩可以减少佩戴者的不道德行为》（*Masks as a Moral Symbol*: *Masks Reduce Wearers' Deviant Behavior in China During COVID-19*）。创立于 1914 年的 *PNAS* 是与《自然》（*Nature*）和《科学》（*Science*）齐名的、全球被引用次数最多的顶级科学期刊之一，旨在发表各学科领域"具有杰出科学贡献"和"广泛科学影响力"的前沿顶尖研究，发表难度极高。同时，*PNAS* 涵盖医学、化学、生物、物理、计算机科学、社会科学等三十六个细分学科，其中仅有五个学科与人文社科领域直接相关（人口统计学、经济科学、政治科学、心理与认知科学、社会科学），这种学科倾斜使得人文社科类学科的研究论文相比于理工类学科的更难在 *PNAS* 上发表。时至今日，以全国各大商学院作为发表单位的 *PNAS* 论文仍屈指可数。这篇论文是由我和我在清华带的博士生宋璐阳，以及麻省理工学院陆冠南（Jackson Lu）教授和他带的博士生王昶兰（Laura Changlan Wang）联合发表的，涵盖

10 个方法丰富、情境多样的翔实研究和大规模样本（样本总量 N=68243）。

这篇论文的出发点，来自新冠肺炎疫情期间我的一个观察。当时，我对博士生宋璐阳说："现在的新冠肺炎疫情，尽管给全世界人民带来痛苦，但或许也带来了一些研究机会，值得你好好探究。例如，在戴口罩这件事上，或许你可以研究一下戴口罩究竟如何影响人的行为。"在收集了一些初步数据之后，我们欣喜地发现戴口罩真的对人们的行为有着重要影响。感谢麻省理工学院的陆冠南教授，他和他的博士生王昶兰也一起加入了这个项目的研究，让我们的研究实力大增。

在研究中，我们根据行为道德学的过往文献，测试了两种相反的假设（competing hypotheses）。其中，正向假设是："口罩提高匿名感，进而增加佩戴者的不道德行为。"这是因为，佩戴口罩可以遮住人的面部，进而隐藏人的身份。

同时，我们还有一个反向假设："口罩作为道德标志，可以提高佩戴者的道德意识，进而减少不道德行为。"这是因为，在中国，佩戴口罩不仅可以防止病毒传播，还标志着保护他人等道德义务。着装认知（enclothed cognition）理论认为，人们所佩戴物品的象征性含义可以对人的心理产生影响。例如，过往研究发现，相比于戴棒球帽，戴头盔可以提高人们与安全相关的意识。因此，作为一个道德标志，口罩可能会提高佩戴者的道德意识

（moral awareness），进而减少不道德行为。

这两个假设是相反的，但在理论上都可能成立。究竟哪一个才是正确的呢？为了验证佩戴口罩和不道德行为的关系，我们一共开展了 10 个研究（样本总量为 68243），循序渐进地验证了两者间的相关关系、因果关系及内在机制。研究方法涵盖交通监控分析、实地观察、线上实验、实地实验等；涉及的不道德行为包括闯红灯、自行车禁停区乱停车、为赚取报酬而撒谎等。

"研究 1"是一个交通监控分析，数据来源于中国东部城市徐州的一个十字路口处的交通监控数据。2022 年 1 月，我的博士生宋璐阳回到她的家乡徐州收集数据。当时她非常辛苦，连续 14 天对交警部门的监控数据进行观察编码，获得了包含 60827 个非机动车驾驶者和行人样本的大型数据集。数据分析发现，佩戴口罩的非机动车驾驶者和行人更少闯红灯。这一结果在控制了样本性别、当地日均气温、时间等变量后仍然显著。不过，这个结果仍存在其他的解释。例如，不太关心自身安全的人可能既不戴口罩，又闯红灯。

为了排除这一可能的解释，我们在接下来的两个研究中，关注了一种和个人安全无关的不道德行为：在自行车禁停区乱停车。在清华大学的校园内，我们找了两个不同的食堂。虽然两个食堂门口都明确划分了停车区和禁停区，但许多人为了方便，在停车区有空位的情况下仍将自行车停放在禁停区。在这两个研究中，

166

我们分别观察编码了 2431 个和 874 个学生样本，并获得一致的发现：佩戴口罩的人更少将自行车停在禁停区。这一结果在控制了样本性别、气温、观察时段（午饭或晚饭）等变量后仍然显著。

由于前 3 个研究是相关性研究，我们接着开展了 3 个实验来探究佩戴口罩和不道德行为之间的因果关系。为了减轻参与者的"被监视感"及印象管理方面的顾虑，我们采用了线上实验（而不是面对面的线下实验）。我们将参与者随机分配到佩戴口罩组和不戴口罩组：佩戴口罩组的参与者被要求全程佩戴口罩，而不戴口罩组的参与者被要求全程不戴口罩。实验结束前，我们询问参与者作答时的口罩佩戴情况，并在数据分析时剔除未遵守要求的参与者。结果发现，相比于不戴口罩组的参与者，佩戴口罩组的参与者表现出更低的不道德倾向，并且更少为了赚取报酬而撒谎。

那么，佩戴口罩为什么会减少佩戴者的不道德行为？ 为了给佩戴口罩减少佩戴者不道德行为的内在机制提供初步证据，我们接着又实施了一项问卷调查。调查结果显示：①在中国，口罩被看作道德标志；②相较于想象一个不提及口罩的基准情境（baseline），想象一个佩戴口罩的情境可以提高人们的道德意识。

在发现这一点之后，我们进一步实施了两个线上实验，证明了道德意识在佩戴口罩减少不道德行为中的中介作用，并排除了相反假设中匿名感的中介作用。结果发现，相比于不戴口罩组的参与者，佩戴口罩组的参与者道德意识更高，进而更少为了赚取报酬而撒谎。

最后，我们还在清华大学图书馆中进行了一个实地实验，再次验证了佩戴口罩和减少不道德行为之间的因果关系，提高了研究的外部效度。这个实验始于2021年11月底，当时清华大学图书馆安排一名保安以每天一次的频率提醒同学们在图书馆内佩戴口罩。基于他的值班时间，他会在每天上午10点或下午3点左右进行提醒。在没有保安提醒的时段（如果保安提醒是在上午10点，则下午3点就是没有保安提醒的时段；如果保安提醒是在下午3点，则上午10点就是没有保安提醒的时段），则很少有同学会自觉佩戴口罩。这为实地实验创造了条件：一天内天然形成了佩戴口罩组（有保安提醒的时段）和对照组（无保安提醒的另一时段）。图书馆中的不道德行为指的是明显偏离图书馆规范的行为，包括交头接耳、打游戏和看娱乐视频。通过6天的观察，我们共记录了2111个样本。结果发现，相比于控制组，佩戴口罩组同学的不道德行为更少。这一结果在控制了时段（上午或下午）等变量后仍然显著。

通过以上10个方法丰富、情境多样的翔实研究，我们发现在新冠肺炎疫情期间的中国，戴口罩可以提高佩戴者的道德意识，进而减少不道德行为。这篇文章发表在《美国科学院院报》上之后，在全球引起了很大的反响。包括全球顶尖的《科学》杂志、全球财经界著名媒体《福布斯》（Forbes）在内的多家权威学术期刊或媒体官网，以及麻省理工学院和清华大学经济管理学院等国内外名校的官网都报道了我们这项重要的研究成果。作为首位在《美国科学院院报》上发表论文的中国营销学术界学者，我也倍感自豪。

比起旁观者，我更想成为参与者

清华的平台和资源也为我创造了很多机会，得以磨炼教学能力。我经常给企业家和企业高管们上课，慢慢地练就了讲课的本领。2009 年，我获得了清华大学经济管理学院高管教育中心颁发的"教学新星奖"；2010—2013 年，我连续获得清华大学经济管理学院高管教育中心颁发的"优秀教学奖"。除了研究和教学之外，我曾担任清华大学经济管理学院品牌与传播办公室的主任，负责学院的品牌与媒体传播事务。2009 年，我被清华大学经济管理学院评为"先进工作者"。

那时候，有很多媒体采访过我，印象最深的是，我连续参与录制了几十期在央视 CCTV4 英文频道播出的讲述创业者故事的《New Money》节目。2011 年，正值中国共产党成立九十周年，央视还专门采访了我，其中的一个问题是："出国读博毕业后你为什么选择回国？"我回答说："现在中国正在改革开放的浪潮中快速发展，如果自己不回国参与其中，而只是留在国外做一个旁观者，这会是我一生的遗憾。我真心希望，将自己在国外的所学贡献给祖国。"

我的这番话真的是发自肺腑。随着改革开放和经济的快速发展，越来越多的海外学子选择回到中国工作。例如，著名的生物学家施一公和他的学生颜宁，也都是清华校友，两个人后来也都选择回国加入清华工作。回国之前，我还去普林斯顿大学见了施一公和颜宁一面，印象很深。让我没想到的是，尽管施一公教授那时候的知名度已经很高，但他没有任何架子。而颜宁也十分友好，还答应帮我带一箱书回清华。当时，我有许多美国的英文教材舍不得扔，自己的免费行李额度也用完了，于是我就问颜宁是否可以帮我带一箱书回国，她二话没说就答应了。回到清华工作多年之后，2018年施一公辞去清华大学副校长职务，创办西湖大学，更是吸引了上百位海外优秀人才回国加入，贡献之大不可估量。而颜宁在清华工作多年后，于2017年离开清华回到普林斯顿大学任教，并在2019年荣获美国国家科学院外籍院士荣誉，之后又于2022年再次回到国内，担任深圳医学科学院院长。可以说，施一公教授和颜宁教授都为提高中国在世界生物学领域的科研水平做出了巨大贡献。

这样的例子在清华非常多。除了施一公教授和颜宁教授外，我非常佩服的还有彭凯平教授。1979年彭凯平由湖南岳阳考入北京大学，1983年从北京大学心理学系毕业后留校任教，1997年获得美国密歇根大学社会心理学博士学位，毕业后任教于美国加州大学伯克利分校（简称伯克利）心理学系，并获得伯克利的终身教职。2008年，彭凯平教授毅然辞去伯克利的教职而选择回国工作，受聘为清华大学心理学系教授和首任系主任。彭凯平教授的回国，极大促进了清华大学心理学系的复建和发展，也提高了中国心理学在国际上的地位。彭凯平教授担任国际积极心理联合会（IPPA）和国际积极教育联盟（lPEN）的中国理事，以及中国国际积极心理学大会执行主席，并曾连续两年代表中国在"联合国国际幸福日"纪念大会上做报告。由于和彭凯平教授的研究领域比较相近，我经常与他一起讨论问题，还多次同台演讲。他非常喜欢我的一本著作《理性的非理性》，并且经常在他的课堂上将之推荐给学生们。

施一公、颜宁和彭凯平这三位杰出学者的人生也都是"读书改变命运"的典范。然而，他们今天的成就早已超出了个人成功的范畴。从这个意义上说，读书不仅可以改变命运，也能为祖国做出巨大的贡献。

除了在学术研究、教学和行政服务上投入很大精力，我还给很多国内外优秀企业做过咨询。其中玛氏（Mars）是特别有意思的一家企业。玛氏公司是全球最大的食品生产商之一，拥有德芙、绿箭、士力架、彩虹糖、M&M's、脆香米、益达等众多耳熟能详的品牌，公司年收入逾三百亿美元，产品畅销全球一百多个国家。在玛氏公司旗下，还有一个著名的宠物食品品牌"伟嘉"（Whiskas），这是全球最著名的猫粮品牌之一。当时，因为知识产权问题，玛氏公司要与一个猫粮厂商打官司。他们通过第三方找到我，希望得到我的帮助。当时中国的知识产权保护意识还比较薄弱，猫粮厂商的猫粮产品有自己的品牌名，只是外包装的颜色与伟嘉猫粮的相同，都是紫色，包装上也画了一只猫。

当时，玛氏公司找到我，希望我出具一份专家意见书，论证颜色会不会影响消费者的购买决策。我后来做了大量研究，阅读了国内外大量文献，它们都表明，颜色对消费者的购买决策具有至关重要的影响。调研公司 KISSMetrics 的数据显示，93% 的消费者在购物时都更为注重产品颜色和外观，更有 85% 的消费者直言颜色是影响他们选择某个产品的第一要素。另外，色彩能大大提升品牌识别度，提升幅度达到惊人的 80%，而品牌识别度是与消费者对品牌的信心直接挂钩的。我出具的专家意见书后来成功帮助玛氏公司打赢了官司，国内的知识产权保护制度也逐渐健全。

作为一名学者，除了做学术研究之外，我也常在媒体上发表一些观点。2015 年 1 月 23 日，我的文章《中国需要国家营销战略》发表在《文汇报》上。在这篇文章里，我提出中国的营销和品牌还不够强大。"现代管理学之父"彼得·德鲁克在他 1954 年出版的经典著作《管理的实践》里，曾为营销下过这样一个定义：

"营销的目的是让推销变得多余。"为什么我们的品牌不能做到让顾客排着长队来买我们的产品？这说明我们的营销还没做好。德鲁克还有一句名言："营销和创新是任何企业都有且只有的两大基本职能。"而"大众创业，万众创新"说明创新早已成为国家战略，科学技术是第一生产力，大幅追加科技研发投资，以追求从制造大国向技术大国转型。然而，如果仅仅关注技术创新而缺乏营销和品牌，那么中国产品仍有可能无法被全球顾客接受。

以苹果公司最受欢迎的苹果手机为例。苹果手机为苹果公司创造了高达数千亿美元的利润，而苹果手机的制造商富士康公司能分得多少呢？只有2%。也就是说，每卖出一部平均价格为七百美元的苹果手机，苹果公司能赚到二百六十六美元，而起早贪黑勤劳干活的富士康只能分得十四美元。能被苹果公司选中做代工制造商，富士康的制造和技术水平自然不低；然而，富士康获取的利润为什么远远低于苹果公司？原因很简单：苹果公司与顾客有着直接的联系，全球无数的消费者都是苹果手机的忠诚顾客，因此，苹果手机不但可以卖出高价，销量也能一再创新高；而富士康公司虽拥有高水平的生产技能，却没有直接与消费者建立联系。消费者并不关心苹果手机是由富士康制造，还是由其他代工厂商制造。早在1992年，中国台湾宏碁电脑的创始人施振荣就提出了著名的"微笑曲线"理论。该理论认为，企业获得的附加价值取决于它做的事情：如果负责制造，那么企业的利润率将是最低的；而如果做的是技术研发和品牌营销，即公司处于微笑曲线的两个端点，那么它的附加价值将为最高。同样，在全球产业链中，如果一个国家只负责制造，那么它所获得的附加价值将是最低的；而如果一个国家能够做好技术研发和品牌营销，那么它所获得的附加价值将是最高的。正因如此，我在文章中提出中国必须实施国家营销战略，以提升中国企业的品牌形象和中国产品在全球消费者心中的接受度。

我的这篇文章在《文汇报》刊发之后，引起了很大的反响。2015年3月15日，我又在《文汇报》发表了一篇文章——《保护消费者权益，打造中国品牌》。3月15日是国际消费者权益日，也是两会召开之际，所以这篇文章非常应景。我在文章中提到，假冒伪劣等侵犯消费者权益的问题之所以在我国"久治不愈"，主要原因一是企业的违法成本太低，二是消费者维权的成本太高。例如，一名消费者购买了一瓶质量不合格的饮料，其价格只有5元，那么根据当时的《中华人民共和国消费者权益保护法》，消费者即便去法院打赢官司，最多也只能获得2—10倍价款，即10—50元的赔偿，而消费者为此诉讼所付出的时间和金钱成本则非常之高。由于得不偿失，大多数消费者不会为了这么小额的赔偿金额维权，只能吃哑巴亏。因此，要想让假冒伪劣产品问题得到根治，方法是提高企业违法成本，降低消费者维权成本。

不少国家所实行的消费者集体诉讼制度可以供我们借鉴参考。

集体诉讼（class action）指的是相同利益受到侵害的众人，只要有一人发起诉讼，其他受害者无须知情即可被视为自动参与诉讼，从而极大地降低了受害者之间组织和协调的成本。一旦获胜，全体受害者将按比例获得赔偿。在美国，集体诉讼获胜不仅可以得到伤害性赔偿，还可以得到惩罚性赔偿，两者相加数额一般非常大，这会给予企业极大震慑。关于集体诉讼，我有一次亲身经历。从美国回国任教后，有一天我收到了美国运通信用卡公司的一封信，里面是一张八百美元的支票。我已经不在美国工作和生活了，怎么还会给我寄支票呢？后来才知道，原来美国运通信用卡公司在一场集体诉讼官司中败诉，需要对数百万持卡人每人赔付八百美元，共计赔付几十亿美元。在这种重罚之下，所有企业都不敢侵犯消费者的权益，反而会在产品质量和服务上精益求精，以得到消费者的认可。如此一来，品牌影响力自然会越来越强大。所以，美国品牌在世界范围内都很有竞争力。

我写这篇文章的目的是呼吁政府保护消费者的权益，提高企业的违法成本。在包括我在内的大批学者和各界人士的努力下，中国已经把品牌战略作为国家战略，更加重视消费者权益保护，同时也逐渐提高了企业的违法成本。2017年4月，国务院批准将每年的5月10日设立为"中国品牌日"。此后，我国开始对企业开具大额罚单。比如，2021年，中国市场监督总局宣布，对阿里巴巴集团重罚182亿，原因是阿里巴巴利用平台垄断优势，强迫商家"二选一";同年，美团这个国内最大的外卖平台，也因为"二选一"被重罚 34.42 亿元。由此可见，中国的法律环境也开始加大企业的违法成本，并更加重视消费者权益的保护。

扎根中国，游历世界

如果没见过世界，
又如何改变世界

在清华任教几年后，我在研究、教学、行政服务等各方面的工作做得都不错，课程也受到学生和政府、企业的欢迎，收到了很多演讲邀请。印象最深的一次是去西藏。当时拉萨高新区管委会的领导在清华听过我的课，认为我的课讲得很好，就邀请我去西藏拉萨给高新区的企业家们讲课。这个邀请很有吸引力，因为西藏在我的心中一直是一个神秘的圣地，但是，我也担心自己会有高原反应。我把担心告诉了邀请我的那位领导，结果对方给了我一个无法推辞的理由："郑老师，您放心，我们会全程为您提供氧气筒。您可以一边讲课，一边吸氧。"其实，我当时并没有完全理解这句话的意思，脑海中也想象不出这个画面，但对方太过热情，我没办法拒绝。后来事实证明，那次去西藏是一个我不会后悔的选择。

在西藏外出观光时，感谢当地人的照顾，我全程都带着小瓶的氧气罐，不舒服的时候可以随时吸氧。不过，一小瓶似乎只能维持十来分钟。我当时在心里犯嘀咕：我做讲座的时候，桌子上是不是需要摆一排氧气罐？

讲座当天，我被眼前的景象震撼了：他们为我准备了一大桶医院规格的氧气。大桶的氧气没法拿起来吸，于是他们找来一根长吸管，吸管的一端用胶带固定在我鼻子旁边，所以，我讲课的时候一直吸着氧气。那场讲座持续了三个小时，我全程没有感到任何不适，这真是要感谢那位领导周到的安排。讲座结束之后，我还接受了拉萨电视台记者的采访，当时也是一边吸氧，一边接受采访，后来当地报纸还刊登了我吸氧做讲座的照片。

像孩子一样，用手抓饭吃

除了受邀在国内各地讲学，我也应邀去过很多国家讲学。因为中国经济的快速发展和巨大市场，很多国家都迫切想要了解中国市场，所以，我也有幸得到许多国家（包括印度、印尼、日本、韩国、新西兰等）的讲学邀请。有一年，全球工程机械行业巨头卡特彼勒公司邀请我去印度为其高管做培训。我个人非常喜欢旅游，体验不同国家、不同地方的风土人情，所以非常愉快地接受了邀请。印度虽然跟中国一样是人口大国，但经济上落后中国很多。在印度首都新德里，因为天气很热，很多人不穿上衣，赤裸上身在街上游荡。另外，新德里街头有很多小摊，很多贫民没有其他收入来源，只能靠摆摊养家。

印度的手抓饭非常有名。在印度时我也吃了手抓饭，吃饭的时候当地的朋友还特意提醒我，一定注意不要用错了手。印度人吃饭的时候一定是用右手抓，绝不会用左手来吃饭，因为左手一般认为是用来上厕所的，不洁净，用它来接拿食品是对主人的不敬。另外，印度人还认为用手抓饭可以大大缩短用餐时间。长此以往，这些观念越来越深入人心，所以，直到今天印度人依旧保留着用手抓饭这一习惯。

到了印度，肯定要去印度最著名的景点泰姬陵。泰姬陵位于印度北方邦的阿格拉城内，距离新德里二百多公里。我买了火车票，准备体验一下印度的火车。与中国的高铁不同，印度的火车行驶速度很慢，类似于中国的绿皮火车。火车启动，我脑海里不禁浮现出自己以前从福建坐火车到北京求学的情景。

泰姬陵虽然历经了近四百年的风吹日晒，却依旧宏伟壮观。印度著名诗人泰戈尔形容泰姬陵为"永恒不灭的爱的泪珠""时光脸颊上永恒闪耀的一滴爱泪"。

去印度前，我做了攻略，了解到印度的卫生条件很差，在外面不能随便喝水，只能喝矿泉水，否则很容易拉肚子。印度的恒河就像中国的黄河、长江一样，是印度的母亲河。然而，恒河的水质非常差。我不由感叹印度人的肠胃真是厉害，能够抵抗各种病菌。

差点扔掉的佛塔

我去了好几次印尼，都是被邀请去讲学。其中一次我之前提到过，那一次我见到了资助我出国留学的恩人李文光先生。后来，印尼的企业又多次邀请我去讲学。有一次，我在印尼讲学后参观婆罗浮屠佛塔。婆罗浮屠佛塔的意思是"山顶的佛塔"，建于公元8世纪左右，与中国的长城、印度的泰姬陵、柬埔寨的吴哥窟并称为"古代东方四大奇迹"。在长达上千年的时间里，婆罗浮屠佛塔一直被火山灰盖得严严实实。即便在今天，比起其他三个闻名全球的奇迹，婆罗浮屠佛塔相对"低调"许多，但我还是被它的雄伟壮观深深震撼。

在参观婆罗浮屠佛塔时还发生了一件趣事，我在我的畅销书《理性的非理性》里写了这个故事。在去婆罗浮屠佛塔的路上，有个中年妇女小贩向我兜售婆罗浮屠佛塔的纪念品："先生，买个纪念品回去吧。火山灰制作的佛塔，一个才二十美元。"我知道大多数旅游景点的纪念品的价格水分都很大，所以并不理会她。

没想到这个小贩居然一路跟了上来，继续说："您买个佛塔回去吧，本来是二十美元一个的，我给您便宜些，一个十五美元，怎么样？"我笑着摇摇头，心里想，我可是研究消费者心理学的人，而且了解"锚定效应"。锚定效应是诺贝尔奖获得者丹尼尔·卡尼曼教授及其合作者阿莫斯·特沃斯基的研究成果之一。所谓锚定效应是指当人们需要对某个事件做定量估测时，会将某些特定数值作为起始值，起始值像锚一样制约着估测值。在做决策的时候，人们会不自觉地给予最初获得的信息过多的重视。对于这个佛塔，它的价格二十美元就是一个锚定值。

看到我意志坚定，她也继续跟着我走，然后说："那您看一个十美元如何？这给您打五折啦。"说实话，当时我差点儿就买了，不过想到自己是市场营销和消费者心理学专家，就继续不理会她。

看到我仍然不理她，这个小贩最后几乎是用恳求的语气对我说："今天很晚了，我背着这么多佛塔纪念品很累，想早点儿收摊回家。您看就按成本价五美元买一个如何？"从二十美元到五美元，我想，这个价钱应该没有什么水分了吧。看着她真诚和恳求的眼光，我买下了五美元的佛塔。同时，我心里也庆幸总算没有轻易上当，买到了物美价廉的好东西。

参观完婆罗浮屠佛塔走出景区的时候，我发现景区门口很多人在卖相同的佛塔，吆喝声此起彼伏："要佛塔吗？五美元三个！"

当听到"五美元三个"的时候，我真想把手里五美元买的佛塔扔掉。从二十美元到五美元三个，多么大的价格落差啊！我明明很清楚"锚定效应"的作用，但还是在它的影响下做出了错误的判断。

竞争型社会 VS 高福利社会

我也曾应京都大学的邀请去过日本讲学，并趁着工作间隙在京都和东京游览了一番。在京都旅游，最不容错过的就是寺院，我去参观了著名的清水寺和金阁寺。

此外，日本的酒店也给我留下了深刻印象。酒店的房间特别小，大概只有二十平方米，国内同等价位的房间一般都有三十平方米。国内大部分酒店的管理主要模仿美国酒店的管理模式，美国连锁酒店品牌几乎遍布中国，如洲际、威斯汀、万豪、喜来登等，所以，国内酒店的早餐一般是自助餐，非常丰富。相较而言，日本酒店的早餐就非常简单了。我基本上每天早上吃的都是米饭、味噌汤还有几块鱼。但是不得不说，日本的米饭真的好吃，黏黏的、糯糯的。我觉得日本人这样饮食真的很健康，难怪他们的人均寿命高居全球第一。

日本企业是论资排辈的，收入主要和年龄有关。而且，日本讲究集体主义，没有那么重视个人能力。日本的朋友告诉我，在企业里你不能做得比别人优秀，那样是不道德的。

在东京，我感受到了一种不可思议的繁华。东京的面积为两千多平方公里，相当于北京六环内的面积。虽然面积没有北京大，但东京的常住人口有三千万，比北京的常住人口还要多。这么大的人口密度，东京的房价却比北京、上海的低不少。此外，东京的公共交通特别发达，覆盖全市各个角落，所以，大部分人出行都乘坐公共交通工具。

在日本时，我有几次向陌生人问路，但由于语言原因，我不会讲日语，而普通日本人也不会讲中文或英语，所以很难交流。没想到的是，被我问路的陌生人竟然会看着我手机上的地址，直接带我一起走过去。

日本的发展模式类似于北欧的高福利国家。现代社会主要有两种发展模式：一种是拥抱自由市场、鼓励自由竞争和个人奋斗，美国和中国遵循的都是这种模式；另一种是高福利社会，每个人享受的福利待遇都差不多，人们生活得比较安逸。然而，高福利社会的一个缺点是缺乏创新，人们生活得按部就班，没有了奋斗的动力。

善于学习的韩国人

我还多次受韩国政府邀请去韩国讲学。第一次去韩国讲学的时候，我参观了青瓦台，登上了首尔最高的建筑——首尔塔，还去了著名的济州岛。韩国的国土面积大约为 10 万平方公里，人口约为 5000 万。2005 年，韩国被联合国认定为发达国家，现在是亚洲四个发达国家之一。如果将全世界所有国家进行对比，整个"二战"后 70 多年里，韩国是极少数人口超过 5000 万、从不发达国家发展成了发达国家的国家之一，这确实是个奇迹。

此外，韩国还有很多世界级大公司。以汽车行业为例，韩国的现代汽车目前已经成为全球销量排名第三的汽车公司，甚至超过了美国通用、美国福特、日本本田，销量仅次于日本丰田和德国大众。这真是了不起的成就。再以电子电器行业为例，韩国三星目前是全球品牌价值排名靠前的公司，超过著名的日本松下、索尼等品牌。因此，我经常对中国企业家们讲，韩国这个国家值得我们学习借鉴。

我在哥伦比亚大学读博士的时候也发现，哥大的留学生主要来自中国、印度、韩国和以色列，来自日本的留学生非常少。等我回国在清华任教后，我又发现，来中国最多的留学生是韩国的，而来自日本的留学生并不多。北京的望京地区和清华门口的五道口地区，甚至成了韩国人的聚居地，有非常多的韩国餐厅。

去韩国济州岛游玩的经历也很有意思。从首尔乘飞机去济州岛时，我发现登机牌上没有给出座位号。于是我问了陪我去的朋友，他告诉我，这是一家廉价航空公司的机票，登机牌上没有固定座位，登机后随便坐哪儿都可以。登机时，乘客们都是跑着"冲"进机舱的。上了飞机之后，我发现乘务员竟然全都穿着牛仔裤和色彩鲜艳的T恤，而不是大多数航空公司的那种非常讲究和优雅的制服，让人耳目一新。其实，牛仔裤和色彩鲜艳的T恤更符合这趟航班目的地的风格，因为大家去济州岛都是去旅游和度假的，牛仔裤和色彩鲜艳的T恤让人心情放松，无拘无束。

在济州岛上，我开车登上了韩国最高峰——汉拿山。汉拿山意为"能拿下银河的高山"，山顶上有约2.5万年前因火山爆发而形成的直径500米的火山湖——白鹿潭，湖水碧蓝清澈。最有意思的事情是，济州岛地处北纬33度线附近，却具有亚热带气候的特征，有"韩国夏威夷"之称。这是因为济州岛是120万年前火山活动而形成的岛屿，地热资源非常丰富，冬天岛上到处能看到棕榈树。然而，当我开车登上海拔1950米的汉拿山之后，却发现山顶白雪皑皑。反差之大，让我感受到大自然的神奇。

去新西兰讲学

在我去讲学的国家里，离中国最远的一个国家是新西兰。新西兰位于南半球，而且还是在最东边的时区——比中国的北京时间早四个小时。所以，新西兰人特别自豪，因为他们每一天都是地球上最早见到太阳的人。去新西兰之前，我一直认为新西兰和澳大利亚国土相接，去了之后才知道，新西兰与澳大利亚还有两个小时的时差，比中国到日本的距离还远（中国跟日本只有一个小时的时差）。

新西兰位于世界的最边缘，这个国家经常被人遗忘。新西兰国土面积约为二十七万平方公里，但人口只有五百多万，自然条件优越。我到访过新西兰的两个城市：第一大城市奥克兰和首都惠灵顿。我在奥克兰参加了中新商业高峰论坛，竟然在论坛上遇到了当年给我写推荐信的沃顿商学院教授马歇尔·梅尔，我们都非常开心。

论坛结束后，我飞去新西兰首都惠灵顿游玩，并参观了惠灵顿郊区的一个葡萄庄园，那里真是宛如人间仙境。《魔戒》三部曲和《霍比特人》都是在新西兰拍摄的。新西兰人说，他们国家最大的污染源就是"牛放屁"。

在新西兰，令我不习惯的一点是这里的车是右舵车。世界上70% 的国家行驶的是左舵车；30% 的国家行驶的是右舵车。目前使用右舵车主要是受英国影响较大的国家及地区，如日本、澳大利亚等，在中国的香港和澳门行驶的也是右舵车。如果有机会，我建议大家多去各国游历，了解、接受世界的多元化，这样我们才不会只从一个角度看问题，得出带有偏见的结论，认为只有自己是对的，别人都是错的。

旅行与创造力

我非常珍视在全国各地和世界各国的这些经历。我也强烈建议家长们，如果有条件的话，一定要带孩子去全国各地甚至世界各地游历，因为只有见识多了，眼界才能开阔。在欧洲的一个机场，曾有这样一幅海报，写着"如果没见过世界，又如何改变世界？"确实如此。去各地多看看，创造力也会得到提高。已经有科学研究证实了这个观点。哥伦比亚大学商学院教授亚当·加林斯基在创造力和国际旅行的关联方面发表了许多论文。加林斯基教授的研究发现，拥有国外的工作或生活体验能够激发认知的可塑性和深度、思想的融合性，以及在完全不同的形式之间产生深刻关联的能力。加林斯基教授与其合作者对二百七十家高端时尚品牌创意总监的经历进行了研究，发现那些在国外生活和工作过的创意总监能够设计出更多有创意的产品，而且去过的国家越多，这些人产出的作品的创造性越强。

我在清华也做过关于创造力的研究，这是我主持的一个国家自然科学基金课题，研究成果还被国家自然科学基金委评为"优"。在一系列关于创造力的研究中，我们发现多样性有助于提高创造力。其中一个特别有意思的实验是我的博士生陈辉辉在福建一所中学做的校服实验。我们发现，不穿校服的学生创造力更高。这与我们在生活中的观察是一致的：在一些不需要创造力的机构，员工往往被要求穿制服，如流水线工人、餐厅服务员等；但在那些需要创造力的机构，员工基本都不穿制服，如研发人员、科学家等。

创造力的重要性毋庸置疑，但现在的教育体制对创造力的培养还远远不够。我计划将来写一本关于创造力的书，帮助中国孩子提高创造力，也帮助家长了解正确培养孩子创造力的方法。比如，有些孩子可能经常违反规则，这时候家长千万不要一味地打压，因为孩子的棱角被磨平了，就会沦为一颗乖乖听话的螺丝钉了。对待每个孩子应该因材施教、培养个性，而不是追求千篇一律、千人一面。

至暗时刻，寻找使命

为清华献出一个膝盖

2015 年是我人生中的一个转折点。那一年元旦，我去北京的慕田峪长城登高望远。从长城走下来后，我的膝盖便开始疼，于是我去北京大学第三医院检查，得出的结论是膝盖髌骨软化，软骨已经碎了。髌骨软化是常见的运动损伤，运动员和老年人经常会遇到这个问题。人的膝盖如同一个机械部件，是有使用寿命的；如果使用不当，就会出现各种问题。了解到我的职业背景后，医生告诉我这和我的职业有关。现在回想起来，回清华任教后，经常有各种校内外教学项目邀请我去讲课。我的课排得很满，而讲课时我一直站着。此外，很多 MBA 课程、EMBA 课程或者高管培训课程都得连续讲两天，有的甚至得连续讲四天，每天至少连续站立六个小时。有时候我会开玩笑说，我做商学院教授比当保安还累——保安一般不需要连续站六个小时的岗，至少中间会换岗，但商学院教授无法在讲课中间换岗；每天连续六个小时站着讲课是对脑力和体力的双重考验。要知道，长期站立会对膝盖造成很大的压力，久而久之，我的膝盖软骨就碎了。

在接下来的半年内，我一直在北京各大医院求医问药，得到的诊断结果基本相同——建议我做膝盖手术。但由于手术是不可逆的，因此我比较慎重。最后，我决定去国外的医院看看。于是，我去了母校哥伦比亚大学的附属医院纽约长老会医院（New York Presbyterian Hospital），这家医院的骨科非常有名。我找了当时的骨科主任，最后得出的诊断还是一样。骨科主任建议我做手术，他告诉我可以通过手术取出膝盖里的碎骨，这样走路就不会感到膝盖疼了。不过，手术之后，我再也无法爬台阶了。

思考再三，我最终决定做手术，并选择在纽约长老会医院由骨科主任亲自做。做手术时，我第一次进行全身麻醉，内心很紧张。不过，我被护士的态度感动了：我当时躺在手术床上，护士为了让我不紧张，半跪在我的面前，慢慢拍打我手背上的一条静脉——因为要注射麻药，而我的静脉很细，不容易找到。打完麻药之后，我很快失去了意识。等我醒过来时，手术已经做完了。

出院之后，我休养了几天，就飞回了国。手术很成功，我很快可以走路，膝盖也不疼了。但是我从此失去了运动的能力，不仅再也无法打篮球、跑步，就连自行车也不能骑了，甚至无法爬台阶。可以说，膝盖受伤和手术的那半年时间，是我人生中的至暗时刻。那时候的我刚刚四十岁，无法接受自己年纪轻轻就失去了运动的能力。坐飞机时，因为飞机经常停在远机位，我无法爬上舷梯，只能靠机场提供的轮椅和升降梯特别服务上下飞机。每次坐在轮椅上时，我都能感受到别人用异样的眼光看着我。

由于膝盖受伤无法爬楼梯，我去餐厅吃饭也非常不方便。我经常遇到一个尴尬的情况：别人请我吃饭，我到了餐厅，却发现餐厅没有电梯，自己又上不去，只好让请我吃饭的朋友临时更换餐厅，或者让一些年轻、力气大的朋友背我上去。我的体重有一百六十斤，这对背我的人而言也是个挑战。有一次，我去参加一个宴会，到了之后发现宴会厅在二楼，而且没有电梯。无奈之下，请客的朋友安排他的助理背我上去。那个助理身材并不魁梧，当时我有些担心他吃不消。不过，朋友的助理还是圆满地完成了背我上楼的任务。吃完饭之后，那个助理又背我下楼。没想到的是，在下台阶快到一楼时，助理没能坚持住，他和我都重重地摔了下去，我和朋友都非常难堪。后来，只要是朋友请我吃饭，我都提前告诉朋友我膝盖受伤爬不了楼梯，只能去一楼或者有电梯的地方吃饭。不过，即使是这样，我也经常遇到很多一楼有台阶的餐厅。

那时候，尽管我并不是残疾人，但因为膝盖受伤而无法爬台阶让我真切感受到了残疾人生活中的不方便。最让我难以接受的是，我没办法站在讲台前而是只能坐着讲课。一时间，我非常懊悔自己为什么要那么努力工作，导致膝盖受了如此严重的伤。那时我经常开玩笑地说:"我真的是为清华献出了一个膝盖。"对于习惯站在讲台前、在成百上千听众的注目下进行"激情"演讲的我来说,没有比无法"站立"更痛苦的了。

千万级观看量的慕课,两次教育部奖励

在这种情况下,清华大学副校长杨斌教授给我的至暗时刻带来了光明。他对我说:"你讲课非常受欢迎,虽然现在由于膝盖受伤无法站着讲课,但是你或许可以通过别的方式来讲课。现在,在线教育刚刚兴起,美国的 Coursera(意为课程的时代)和 edX 这两个慕课平台已经非常有影响力。最近,清华大学也投资打造了一个慕课平台——学堂在线,你不妨试试用视频讲课,只要讲一次并录制成视频,后期该课程视频就可以供很多人在线学习,你作为老师也不用那么辛苦了。"

于是,我上网查了一下,才发现慕课原来是指大规模开放在线课程(massive open online courses,简称 MOOC)。Coursera 慕课平台是由美国斯坦福大学两名计算机科学教授创办的大规模开放在线课程平台,而 edX 则是由哈佛大学和麻省理工学院联合发起的。

斯坦福大学计算机系的教授达芙妮·科勒是 Coursera 的联合

创始人之一。她预言在高等教育资源分布不均的情况下，随着计算机技术的日益成熟，教育领域的重大变革必将来临。2011 年年底，达芙妮·科勒教授找到了让这一预言成为现实的可能性。当时，斯坦福大学尝试性地将三门免费课程放到网上，其中包括她的同事、祖籍中国香港的华人安德鲁·吴（又名吴恩达）教授的"机器学习"（machine learning），最后发现来自世界各地的报名人数竟超过 10 万人。

达芙妮·科勒教授在接受媒体采访时说："通常，吴教授平均每年的听课人数为 400 人——这意味着，要想在斯坦福大学的课堂上拥有那么多学生，他必须连上 250 年课。"这个数据令他们震惊，也让他们意识到，在线学习领域正在掀起的这场革命，可能会重塑高等教育的版图。于是，达芙妮·科勒教授与安德鲁·吴教授共同创办了在线教育公司 Coursera，旨在同世界顶尖大学合作，在线提供免费的网络公开课程。Coursera 的首批合作院校为斯坦福大学、密歇根大学、普林斯顿大学和宾夕法尼亚大学。截至 2021 年年底，Coursera 注册用户高达 9700 万人，提供 8250 门慕课，是全球排名第一的慕课平台。

与 Coursera 由斯坦福大学的两位教授创立不同，edX 是由哈佛大学和麻省理工学院于 2012 年 4 月联合创建的大规模开放在线课堂平台。当时，两所大学对这个非营利性计划各资助三千万美元。2012 年秋天，edX 正式启动，主要目的是通过整合哈佛大学和麻省理工学院这两所世界级名校的师资和课程，推广互联网在线教育，使亿万人受益。麻省理工学院的阿南特·阿加瓦尔教授是 edX 的第一任主席。2019 年国庆期间，我带领中国企业家学生们访问哈佛大学和麻省理工学院时，还专程去 edX 的总部参访，听阿加瓦尔教授现场分享 edX 的创办历程并与他交流。

了解了这些后，在清华大学副校长杨斌教授的邀请下，我决定与学堂在线合作，尝试慕课这种全新的互联网教学方式。当时，我并不知道录制一门慕课需要花费多么大的精力。等我真正准备这门课的时候，才意识到难度之大。

第一次面对镜头时，我心里非常紧张。这与以往的课堂都不一样：

讲课时没有学生的交互，只有冷冰冰的镜头。

眼睛必须时刻紧盯镜头，否则严格的导演就会提示"头歪了"。

为了获得不错的拍摄效果，由于我无法长期站立，只能坐在办公室的茶几上（一拍就是一下午，硌得疼啊）。

街拍时，愿意接受采访的人在哪儿啊，望眼欲穿。

最不想听到的一句话就是导演的"重来"。

……

终于拍摄完一章，却发现后期制作的工作量是如此巨大，至少需要整个制作团队两三个星期的努力才能完成，这中间还需要无数次的查资料、对字幕、动画制作、剪辑修改、回炉加工……

就这样，经过一次次的拍摄，一段段的录制，一秒秒的回放和修改，以及策划、导演、拍摄、制作、助教等每一个团队成员的努力……终于，我的慕课"营销——人人都需要的一门课"于2015年10月16日在全球最大的中文慕课平台——学堂在线正式上线了。

令人喜出望外的是，上线之后，这门课的听课人次很快就超过了1000万，成为全国最受欢迎的商学院课程之一。这个数字远远超过我过去多年在清华所教的学生数总和，并且还在继续增长。我意外地发现，自己竟然在不知不觉间参与了一场互联网教育变革。

后来，我的慕课"营销：人人都需要的一门课"还获得了两个教育部颁发的国家级荣誉：2017年的"国家在线精品开放课程"以及2020年的"国家级一流本科课程"。

我们每个人都无法改变出身。因此，要改变命运，最重要的途径便是教育。传统的线下优质教育，只能惠及少数人，大多数人仍然缺少机会。今天，互联网技术为优质教育从殿堂走入厅堂提供了可能。从这个意义上讲，互联网教育确实是一场变革，它可以帮助更多人获得优质教育，获得改变命运的机会。

回想过去，我因为读书和受教育而获得改变自己命运的机会。今天，我希望借助互联网的力量，把优秀的教育机会分享给更多有需要的人，尤其是当下的年轻人。而这，仅靠一个人的力量远远不够，需要更多的教育者、学习者、传播者等投入"互联网＋教育"的变革。

通过这些年的努力奋斗，我也找到了人生下半场的新使命：教育改变命运，我们改变教育。这种使命感让我觉得努力奋斗不再是一种辛苦，而是快乐和幸福。随着心态的改变，我也慢慢从膝盖受伤的消极情绪中走了出来。

和各国领袖同台演讲

2015—2017 年，我连续三年应邀前往韩国，在世界知识论坛上演讲。这个论坛规格很高，与达沃斯的世界经济论坛类似，很多政商领袖会去演讲。我去演讲的那几届，就有英国前首相托尼·布莱尔、德国前总理施罗德、法国前总统萨科齐、美国前国务卿希拉里·克林顿等上台演讲，我有幸在现场聆听并和他们同台演讲。在世界知识论坛的晚宴上，我还和第八任联合国秘书长潘基文（任期：2007—2016）一起聊天。

我还惊喜地发现主办方居然将我因膝盖受伤坐着演讲的照片放在了网站首页头条。在首页下方，则是当年众多的重量级演讲嘉宾，包括德国前总理施罗德等。我知道，自己取得的成就与这些全球重量级嘉宾的成就根本无可比拟，但这是主办方给我的满满鼓励。

人生下半场的新使命

在慕课上线之后的几年时间里，有了人生下半场的新使命后，我一直在继续努力，进行各种各样的尝试，以将优质的教育资源与全社会分享，让每个人都有机会改变自己的命运。我一直在"互联网＋教育"领域努力着，也因此在全国各地收获了成千上万名中小企业家学生。特别开心的是，很多学生的事业和人生确实因我而变得更好。

2017 年，我开始举办读书会，每周邀请一位国内外大咖作者分享原创著作，并与作者对话。通过两年的努力，我举办了一百期读书会，也录制了一百个读书会视频，并在后来对全社会全部免费开放。这些大咖作者包括：英国央行原行长、《金融炼金术的终结》的作者默文·金；硅谷创业教父、《让大象飞》的作者史蒂文·霍夫曼；全球思想领袖、《灰犀牛》的作者米歇尔·渥克；全球营销大师、《销售为先》的作者诺埃尔·凯普；国务院参事、《慕课革命》的作者汤敏；著名经济学家、《软价值》的作者滕泰；清华大学社会科学学院院长、《吾心可鉴》的作者彭凯平；清华大学五道口金融学院教授、《创新的资本逻辑》的作者田轩；北京大学著名教授、《坦荡人生无悔路》的作者曹凤岐；北京大学著名教授、《共演战略》的作者路江涌；北京大学著名教授、《管理的历史维度》的作者宫玉振……

在与这些大咖作者的对话中，我学到了许多。例如，2017年1月，我与英国央行原行长、《金融炼金术的终结》的作者默文·金爵士对话。默文·金的人生也是一个通过读书改变命运的例子。出身于普通家庭的他，曾先后就读于剑桥大学和哈佛大学，毕业后在剑桥大学和伯明翰大学任教。1990年，他以非执行董事身份加入英国央行，1991年起担任首席经济学家和执行董事，1998年担任副行长，并于2003—2013年担任英国央行行长，在任期内成功帮助英国走出2008年金融危机。正是由于他的杰出贡献，他在2013年被英国女王伊丽莎白封为终身贵族，并在2014年被授予嘉德勋位。退休卸任英国央行行长职务之后，他再次回到大学教书，在纽约大学和伦敦政治经济学院任教。

我第一次见到默文·金爵士时，发现他不仅风度翩翩，而且竟然还在用怀表。那是我第一次看到有人用怀表。

和他认识之后，有一次我去纽约访问，便去纽约大学拜访了他。走进他的办公室后，我发现他的办公室里都是书，并且当时他还在努力写一本新书，这一点令我非常钦佩。默文·金爵士退休后还在孜孜不倦地工作，我们每一个普通人又有什么理由不努力呢？

做俯卧撑的八旬老教授

再以全球营销大师、《销售为先》的作者诺埃尔·凯普为例，他可谓我的第二导师。凯普教授是哥伦比亚大学商学院的营销学教授，他提出的"营销四大关键原则"（The Four Principles of Marketing）和"营销六大要务模型"（The Six Marketing Imperatives）曾帮助宝马、欧莱雅、通用、摩根大通等跨国企业摆脱了经营危机，取得了突破性进展。他的著作《关键客户管理》被美国营销界誉为"大客户营销圣经"，是各大企业总裁和营销／销售主管的必备书，他也因此被誉为"关键客户之父"。我在哥伦比亚大学商学院读营销学博士时，他是市场营销系的系主任。刚读博士时，我由于自卑和英语不好，与教授们没有打过太多交道。印象中与凯普教授交流最深入的一次大约是在我读博士一年级时，身为系主任的他叫我去他办公室。他问了我一些情况之后，对我说了句"You are dismissed"。从他办公室出来之后，我非常紧张，因为"You are dismissed"在我的英语认知里是"你被开除了"的意思。我不知道自己哪里做错了，惴惴不安了好几天。后来，我才得知，"You are dismissed"在英语里除了有"你被开除了"的意思，更多时候是指"你可以走了"。在课堂上，"You are dismissed"的意思是"下课"；而在军队操练中，"You are dismissed"的意思则是"解散"。看来，自己当年的英语水平确实非常有限，差点贻笑大方。

回国在清华任教之后，我和凯普教授的联系多了起来。因为凯普教授热爱写书，他联系我问我是否感兴趣一起修改他的一些英文著作并推出中文版。后来，我和他一起出版了《写给中国经理人的市场营销学》《销售为先》《关键客户管理》。非常感谢他的指导和帮助，后来我也爱上了写书。因为凯普教授告诉我，即使在美国，大多数人也没有机会去哥伦比亚大学商学院上他的课，优质教育资源永远是稀缺的；但是，他写的书可以让千家万户受益。正因为如此，凯普教授在其职业生涯里非常热爱写书，他一共出版了二十多部著作，还自己创立了一家出版社，专门提供低价的教材给家境普通的学生。美国各大出版社出版的教材普遍非常贵，动辄几百美元一本。我在哥大读博士时根本没钱买教材，都是从图书馆借教材，然后用营销系里的复印机免费复印。相比之下，凯普教授自己的书在他的出版社定价往往只有几十美元，真的是大爱无疆！

2018年，凯普教授应邀来到中国，现场分享他和我的著作《销售为先》。当时，那场读书会在位于北京东三环的宾大沃顿中国中心举行，许多读者来到现场。那时候的凯普教授已经是八十多岁高龄了，他不仅在一个小时里全程站着分享了这本书的主要内容，更加震撼人心的是他对企业领导者的教导。当时，他问现场所有的人："领导力的第一原则是什么？ 如何让团队成员听你的话？"读者们给出各种回答。于是，他又问："假设我现在要求大家做俯卧撑，我是八十多岁的资深教授了，按道理你们都会听我的话，现在大家愿意趴在地上做俯卧撑吗？ 愿意的请趴下开始做俯卧撑。"结果，大多数读者都在犹豫，没有人愿意第一个趴在地上做俯卧撑。见到这种情况，凯普教授说："现在，我只要做一件事，我保证你们大多数人都会趴在地上开始做俯卧撑。"正当大家迷惑不解凯普教授有什么秘诀时，只见他脱下了自己的外衣，然后趴在地上做起了俯卧撑。那一刻，所有读者都不敢相信自己的眼睛：这个年逾八旬的老教授，竟然在众人面前做俯卧撑！ 于是，很多人也开始脱下外衣，趴在地上做俯卧撑。当凯普教授做到第十个俯卧撑时，所有读者都趴在地上做俯卧撑了！

后来，凯普教授做了大约三十个俯卧撑，站起来之后意味深长地说："很多时候，领导可以发号施令，但是下属不一定愿意去执行。这时候，请大家记住——领导力的第一原则是以身作则。因此，如果你是一位销售团队的高管，请不要总坐在办公室里发号施令，而是要经常带领一线销售人员一起冲锋陷阵，这样才能鼓舞士气，取得更好的销售业绩。"

帮乔布斯设计第一款鼠标的人

2018—2020 年，我开始邀请国外名校的大师级教授来华亲自授课并录制成视频，对全社会开放。在这三年时间里，我邀请的名师有：全球领导力大师、斯坦福大学商学院教授罗伯特·伯格曼；全球设计思维大师、斯坦福大学设计学院教授巴里·凯茨；全球管理思想领袖、哥伦比亚大学商学院教授席娜·艾扬格；全球营销大师、哥伦比亚大学商学院教授唐·塞克斯顿；全球创新大师、哥伦比亚大学商学院教授威廉·达根；全球领导力大师、哥伦比亚大学商学院教授迈克尔·莫里斯；普利策奖获得者、沃顿商学院教授斯图尔特·戴蒙德；全球平台商业大师、麻省理工学院教授迈克尔·库苏马诺……

每当这些国外名校大师级教授来华授课时，我也会去现场听课。在他们的课堂上以及同他们的交往中，我也获益匪浅。以全球设计思维大师、斯坦福大学设计学院教授巴里·凯茨为例。凯茨教授是斯坦福大学设计学院的创院教授之一，他帮助大卫·凯利联合创立了斯坦福大学设计学院和全球著名的创新设计公司IDEO，并为乔布斯设计出世界上第一款个人电脑鼠标。

在课堂上，凯茨告诉现场的几百位企业家学生，1980 年

IDEO 刚刚创立时，只有六个人，他们都是刚从斯坦福大学毕业的大学生，挤在一个非常小的房间办公。有一天，突然有一个年轻人从门口走进来说："我在施乐公司看到他们有一个非常酷的发明，用这个东西可以控制电脑屏幕上光标的位置，而且这是一个可以用手去拿的东西，非常厉害，你们能不能设计出一个？"

"我们当然能设计，我们是斯坦福毕业的。"

那个人很高兴地走了，然后六个人面面相觑：这到底是什么东西呢？

那个年轻人就是乔布斯。后来，帮助他设计出来的那个东西就是全球首款个人电脑鼠标。

那一天，凯茨教授的课程震撼了现场几百位企业家学生。他告诉这些中国企业家，一个产品能否在市场上获得消费者的欢迎不仅仅取决于产品的质量和性能，还取决于设计是否符合美学以及是否考虑了消费者心理。而这一点，正是目前中国多数产品所缺乏的，因此，很多中国生产的商品只能在国际市场上廉价出售，无法获得更高的溢价。可以说，凯茨教授的设计思维，为企业家学生指明了一条提高竞争力的通道。

当时，我听到凯茨教授举了这样一个案例。美国有很多糖尿病患者。糖尿病是身体缺乏胰岛素引起的代谢性疾病，胰岛素是降血糖激素，如果身体里胰岛素不足，就会发生糖代谢异常，引发糖尿病。因此，很多糖尿病患者需要每天注射胰岛素来保持正常的生活。然而，很多患者不喜欢传统的针形注射器。做了研究之后，凯茨教授和 IDEO 团队发现女患者放在包里的针形注射器经常会被其男朋友看见，从而引发尴尬，甚至经常被误会是毒品注射器，导致第一次见面约会的对象在见到女患者的注射器之后都敬而远之。为了帮助这些女患者减少尴尬和误会，凯茨教授和 IDEO 团队对强生公司的针形注射器进行了设计上的修改：在针形注射器外面加上一个钢笔套子，这样别人看到这个注射器之后会以为这是一支钢笔，从而减少了尴尬和误会。就是这样一个简单的设计修改，让强生公司的这款笔形注射器获得了市场的热捧。

凯茨教授的课程也启发我重新设计了我的教学方式。在传统的线下教学里，第一天上课时学生之间互不认识，他们都会比较拘谨。传统的自我介绍环节也偏于流程化，无法促进学生之间的互动。因此，在凯茨教授的课程刚刚开始的时候，我就被他设计的一个教学互动环节吸引了。他给全班每个同学发了一张黄色的小贴纸，然后要求每个同学找一个身边的同学作为搭档，并互相将对方的肖像画在小贴纸上，然后把小贴纸贴到对方身上。由于大多数成年人都不擅长画画，结果大多数人画出来的对方的肖像都非常滑稽，教室里顿时充满了欢声笑语。后来，我也把从凯茨教授那里学到的这个方法用到了我自己的课堂上，效果确实非常好，可以迅速增进学生之间的熟悉度，降低他们的拘谨感，从而大幅提高第一天课堂的交互性。

带领学生走出国门，
与诺贝尔奖获得者面对面

2019 年，除了继续邀请国外名校的大师级教授来华亲自授课之外，我也带领企业家学生出国，带他们去哈佛、麻省理工、斯坦福、伯克利、哥伦比亚大学等全球名校访学，并去美国各大顶尖企业的总部访问，用这种方式帮助中小民营企业家们开阔眼界，进一步学习国外优秀企业的成功经验。那一年，我三次带领中小民营企业家学生出国学习：第一次去了斯坦福、伯克利和硅谷的著名企业访问，包括惠普、思科、领英、英伟达等；第二次去了哈佛、麻省理工和波士顿的著名企业访问，包括 edX、AutoDesk 等；第三次去了我的母校哥伦比亚大学学习，还去了纽约的著名企业访问，包括美国银行、穆迪、奥美等。每一次出国，企业家学生们都大开眼界。

2019 年"五一"期间，我和思科中国区原副总裁张坚一起带领几十个中国企业家去斯坦福、伯克利和硅谷访学。在访学的第一天，我们去思科公司的全球总部访问。当我们抵达思科总部时，

发现门口的旗杆上除了美国国旗和思科公司的旗子外，还升起了五星红旗。思科的待人之道让我们很感动，因为这无疑是让人非常有民族自豪感的一件事。后来，很多企业家学生也把这一点应用到他们对国内外客户的接待礼仪中，大幅提高了客户对企业的满意度。

那一次的硅谷访学，还有一个很大的惊喜：竟然有两位诺贝尔奖获得者给我们上课！其中一位是 2013 年诺贝尔医学奖获得者、斯坦福大学教授托马斯·苏德霍夫，另一位则是 2007 年诺贝尔和平奖获得者之一、加州大学伯克利分校教授丹尼尔·卡曼。卡曼教授作为政府间气候变化专门委员会（IPCC）众多报告的主要作者，编写的报告《气候变化 2007》评估了人为引起的全球气候变暖现象，因此成为 2007 年诺贝尔和平奖获得者之一。卡曼教授在 2016 年还被任命为美国国务卿约翰·克里的特别科学顾问，同时，他还担任美国环境保护署、能源部、科技政策办公室和国际开发署等多个机构的能源政策专家和咨询顾问。

当时，在伯克利的教室里，丹尼尔·卡曼教授非常幽默地问中国企业家学生："你们猜一猜，在伯克利，学校对获得诺贝尔奖的教授有何奖励？"同学们纷纷猜测会加薪或者奖励住房。卡曼教授笑着摇了摇头后告诉大家："在伯克利，一个教授获得诺贝尔奖之后，学校既不会奖励加薪，也不会奖励住房，唯一的奖励是给你一个专属停车位。而我是因为气候和环保研究获得诺贝尔奖的，因此，学校给我的奖励是一个自行车专属停车位，用这种方式鼓励更多人骑自行车，节约能源，保护环境。"下课之后，同学们纷纷去伯克利校园寻找各个诺贝尔奖获得者的停车位，果然看到许多带有 NL（Nobel Laureate，诺贝尔奖获得者）标志的诺贝尔奖获得者专属停车位，也看到了卡曼教授的自行车专属停车位，同学们忍不住纷纷拍照。

下课之后，卡曼教授还邀请我周末去他家里做客，正好他和他的朋友们要在家里举办一个几十人的聚会。收到卡曼教授的邀请我感到非常荣幸，立即就答应了。这可是我第一次收到去诺贝尔奖获得者家里做客的邀请。周末来临，我专门租了一辆车，按照卡曼教授给我的地址，打开手机导航开车去他家。他住在伯克利附近一座山的山顶上。当车开往山顶时，我感到坡度非常陡，特别是在坡上停车等红绿灯的时候，生怕车往后溜，只能死死地踩住刹车。终于，我开到山顶，看到了卡曼教授的家。这是一栋山顶别墅，风景非常好，可以看见旧金山湾区的地标——金门大桥。我敲开门后，卡曼教授夫妇热情地把我介绍给了他的朋友们，大多都是伯克利的教授，也有其他诺贝尔奖获得者、美国国家科学院院士和工程院院士等。那一天，我感觉自己一直在知识的海洋里徜徉。在和教授们聊起他们各自的研究领域时，我再一次感到不同学科之间的"隔行如隔山"。

2019 年 10 月的国庆假期，我带领几十位企业家学生去哈佛大学和麻省理工学院访学。当时我邀请了 2016 年的诺贝尔经济学奖获得者奥利弗·哈特，美国国家航空航天局（NASA）原副局长、麻省理工学院教授达瓦·纽曼，以及哈佛商学院著名教授雷蒙·卡萨德斯-马萨内尔等大师级教授来授课。其中，达瓦·纽曼教授不仅分享了她担任 NASA 副局长期间的一些经历，也分享了她进行环球无动力帆船航行的经历。要知道，环球无动力帆船航行风险极大，在惊涛骇浪的海上，随时都有生命危险。所以，我一直认为这是极限运动员才能做到的事。然而，眼前这位教授不仅曾经担任过 NASA 副局长，进过太空舱进行太空训练，还进行过半年时间的环球无动力帆船航行！这个世界非常之大，我们不知道的事情非常之多。还是那句话，大多数人不知道"自己不知道"。所以，一定要多出去看看。

每一次访学后，都有许多企业家学生对我发出由衷的感谢。这一次哈佛访学后，有一个来自浙江台州的企业家对我说："感谢您，郑老师。如果没有您，我这辈子不可能有机会到哈佛上课，也不可能面对面听到诺贝尔奖获得者讲课。来哈佛访学的第一天，我把哈佛的照片发到朋友圈，结果我在台州的朋友们竟然都不相信，说我在国内连大学都没读过，怎么可能去哈佛上课！在我连续发了几天朋友圈之后，朋友们才终于相信我在哈佛学习了。"

还有一个深圳的企业家在哈佛访学回国一段时间之后对我说："谢谢您，郑老师。我没有想到，我在哈佛获得的那张由诺贝尔奖获得者亲笔签名的证书，竟然成功帮助我通过了香港优才计划①。"听到这儿，我也感到非常自豪，我为自己能够把全球最优秀的教育资源带给更多人而骄傲和自豪。

又一个至暗时刻

2020 年年初，我的人生再一次遭遇了至暗时刻。这一年的春节期间，我的父亲因癌症不治去世。回到福建仙游老家办完葬礼，因为担心母亲回到北京后，在熟悉的房间里睹物思人，触景生悲，我决定带母亲出国散心。母亲的护照上面没有任何签证，当时又恰逢新冠肺炎疫情暴发，情急之下，我决定带母亲飞去迪拜，因为迪拜对中国免签，无须签证就可以去。

当时我买的机票是一周之内的往返机票，我甚至直接将车停在了北京首都机场的停车楼，这样一周之后回国时，我就可以开自己的车回家，无须乘坐出租车，可以防止病毒感染。可没想到，后来由于疫情，迪拜和中国断航了。这一去，竟然就是半年的滞留。

不过，滞留迪拜也带来了好处。第一，由于身在迪拜这个新的环境，母亲和我都逐渐从悲痛中走了出来。第二，在迪拜生活，

① 即香港优秀人才入境计划，是香港特区政府推出的一个计划，目的是吸引优秀外地人才来香港定居，于 2006 年 2 月 23 日公布，2006 年 6 月正式推出。——编者注

再次打开了我的眼界，让我们见到了许多未知的事物，也更加了解了世界的多元。例如，迪拜人星期天上班，星期五、星期六是他们的周末。当时，我十分不解，后来才知道这是由于宗教原因。第三，当时闲来无事的我们一直坚持锻炼。母亲喜欢在海滩上散步，我则在海里游泳。迪拜的海里有很多水母，我还被水母蜇了好几次，我的身上留下了不少疤痕。

在迪拜滞留的那半年，每天坚持游泳锻炼给我带来了极大的好处。膝盖受伤后，我几乎失去了参加一切运动的能力，连自行车都骑不了，不过依靠着水里的浮力，游泳成为我唯一能进行的运动。其实，尽管我出生在福建沿海，但我在十八岁之前都没学过游泳。在清华上本科时，我总算学会了游泳，但只会头露在水上的"狗刨式"，而不会需要换气的蛙泳等。"狗刨式"游泳很累，我一般只能游五十米。没想到，在迪拜天天游泳之后，我的"狗刨式"游泳能力也提高了，竟然可以游五百米了！

半年之后，迪拜和中国终于恢复了通航。我买了开航的首班航班回国，在西安隔离了十四天之后，顺利回到了北京。回国之后，游泳不像在迪拜那样方便了，于是我尝试骑了一回自行车。没想到，我竟然真的有力气重新骑自行车了！后来，康复大夫告诉我，这是因为在迪拜滞留期间，天天游泳帮助我增加了腿部肌肉的力量，我这才有了力气重新骑自行车。

用一年时间，读二十五本经典

回国之后，我也走出了父亲去世的至暗时刻，重新投入清华的教学和科研工作，以及我热爱的新事业——打造更多的线上线下课程，打造一个人人都上得起的"哈佛商学院"。2021 年，感谢樊登老师的邀请，我应邀在樊登读书 App[①]（现已改名为帆书 App）上讲了一门音频课——"和清华博导学营销思维"。这门课上线之后，播放量很快就超过了一百万人次，我再一次坚定了自己人生下半场要继续做普惠教育的使命。

2022 年的 4 月 23 日世界读书日，在北京疫情期间居家工作的我决定再推出一门音频课程——"清华郑毓煌讲商学经典"。做这门课的初心是：商学经典著作是人类知识在商业领域最宝贵的遗产，这些著作是哈佛商学院等全球各大商学院备受推崇的教材或必读书目。然而，商学经典著作的专业性使很多人对其望而生畏。由于很多商学经典著作太厚或者写得比较深，大多数读者无法读完。于是，我决定给自己一个新的挑战——用一年的时间读二十五本商学经典并录制精华解读音频。这二十五本商学经典分为企业家传记、经济与心理、管理与领导力、营销与战略、创新

———————
① 英文 Application 的简称，现多指智能手机的第三方应用程序。——编者注

与创业共五大领域，作者包括多位诺贝尔经济学奖获得者（弗里德里希·哈耶克、丹尼尔·卡尼曼、理查德·塞勒等）、"现代管理学之父"彼得·德鲁克、"现代营销学之父"菲利普·科特勒、"竞争战略之父"迈克尔·波特等二十五位商学各领域的世界级大师。我希望，我的精华解读音频能够帮助更多人学习这些商学经典。

不过，很快我就发现，要想用一年的时间读二十五本商学经典并录制精华解读音频，我需要每两周读完一本，并且写出万字精华稿以及录音。这给本来就工作非常繁忙的我带来了极大的挑战。但是，承诺就是承诺，我不愿意对用户食言，于是咬牙坚持了下来。

一年之后，在 2023 年的世界读书日，我的这门精读课程全部上线。精读每本商学经典著作都需要花费很长的时间和巨大的精力，何况还要整理出每本书的万字精华稿——这二十五本书的精华稿已超过二十五万字，其中之艰苦可想而知。不过，品牌意味着一种承诺，言出必行，使命必达。

在讲解这些商学经典著作的时候，我也受益匪浅。我的专业领域是市场营销，这是我第一次系统性地把自己的知识领域扩展到其他商业领域，如管理学、领导力、战略、创新等。我发现，隔行如隔山，因此也对不同领域的知识更多了一份敬畏之心。在这些著作里，我最喜欢的是通俗易懂的企业家传记。在他们身上，我又发现了多个"读书改变命运"的例子。

因读书而改变命运的企业家

我非常喜欢的一本企业家传记是《硅谷钢铁侠》，写的是全球首富埃隆·马斯克的传奇人生。马斯克 1971 年在南非出生，小时候就酷爱读书，每天阅读时间都超过十个小时，几乎书不离手。周末的时候，马斯克可以一天读完两本书。全家人出去购物的时候，马斯克经常独自一人跑到附近的书店看书。上学以后，每天下午两点放学，马斯克都会自己跑到书店，一直读到父母下班去接他。三四年级的时候，马斯克已经把学校图书馆里的书都读完了。后来，马斯克开始读《不列颠百科全书》(*Encyclopedia Britannica*)，还将其内容都读得烂熟于心。

1989 年，十八岁的马斯克就读位于加拿大的皇后大学。大学时代的马斯克雄心勃勃，除了学好本专业的课程，他还学习了商学课程，参加演讲比赛，对能源、太空和其他感兴趣的领域经常发表独到的见解。凭借优异的学习成绩，1992 年马斯克转学到了美国的常春藤名校——宾夕法尼亚大学，因为他觉得这所常春藤名校能给他带来更多机会。马斯克在宾夕法尼亚大学主修了双学位，包括物理学学位和沃顿商学院的经济学学位。他在宾夕法尼亚大学如鱼得水，认识了很多志同道合的朋友。马斯克对太阳能和新能源领域的探索也始于宾夕法尼亚大学就读期间，他写了很多篇研究太阳能电池、超级电容器等能源存储新方式的论文。值得一提的是，马斯克在大学时期就认定，互联网、可再生能源和太空探索这三个领域能够改变世界，而且自己能在这些领域有所作为。马斯克后来的创业经历也确实在这些领域展开，他一直坚定地追逐自己的梦想，并成为今天的全球首富（截至2023年6月1日）。火箭、电动汽车、太阳能、星链、推特……马斯克已经实现了很多疯狂的想法，而这一切，都与马斯克小时候热爱读书分不开，也与他在宾夕法尼亚大学的读书经历分不开。

再举一个例子，我非常喜欢的另外一本企业家传记是耐克创始人菲尔·奈特的亲笔自传《鞋狗：耐克创始人菲尔·奈特亲笔自传》（*Shoe Dog: A memoir by the Creator of Nike*）。这是一个伟大的白手起家的创业故事。奈特从斯坦福大学毕业后就开始创业，并在短短的十几年时间里，成功超越了历史悠久的全球巨无霸竞争对手阿迪达斯等运动品牌。今天，耐克已经成为全球运动行业的头部品牌。截至2023年5月26日，耐克市值高达1652亿美元，而阿迪达斯的市值仅仅为298亿美元，耐克市值是阿迪达斯市值的5倍左右。奈特的身家更是高达473亿美元，位列"2022福布斯全球亿万富豪榜"第27名。

1960年，奈特被斯坦福大学录取，攻读工商管理硕士学位。可以说，正是在斯坦福大学的学习给了奈特毕业后就创业的想法，并最终改变了他的一生。在斯坦福的教室里，奈特上了一门关于创业的课程，教授要求每个人写一篇课程论文。当时，美国的运动鞋市场被全球最著名的德国运动鞋品牌阿迪达斯统治着，热爱跑步的奈特却写了一篇关于如何用日本低价生产的运动鞋占领市场的论文。奈特的这篇论文并不是对课程作业的潦草应付，而是花了几个星期在图书馆里找各种资料才写出的。最后，他的论文获得了教授的好评并得了"A"。谁也没想到，奈特在斯坦福大学毕业之后竟然把自己的课程论文变成了真刀真枪的创业尝试，并且获得了巨大成功。读书，真的可以改变命运！

就在我写这本书的时候，华人企业家黄仁勋在台湾大学的毕业演讲在我的朋友圈广为传播。黄仁勋于 1963 年在中国台湾出生，九岁时与家人迁往美国。由于家里经济非常困难，他被送到了肯塔基州的一所乡村寄宿学校。十六岁时，黄仁勋进入俄勒冈州立大学的电子专业读书。1984 年，二十岁刚刚出头的黄仁勋于俄勒冈州立大学取得电气工程学士学位，后来又在斯坦福大学取得硕士学位。还在俄勒冈州立大学读书时，黄仁勋就有一个宏大的职业规划：当时他"大言不惭"地对第一位女朋友罗莉（Lori）许诺，自己会在三十岁的时候拥有一家自己的公司。不久之后，Lori 成了他的妻子。1993 年，黄仁勋在自己三十岁生日之前的一个多月，与两位志同道合的工程师一起成立了英伟达（NVIDIA）公司。为了兑现自己的诺言，他还有意将第一天上班的日子定在了生日那天。1999 年，英伟达公司推出了全球第一个图形处理器（GPU），从此，GPU 成为计算机中独立于 CPU（中央处理器）的另一个重要的计算单元。如今，黄仁勋创立的英伟达公司已经成长为一家巨无霸企业。可以说，读书不仅改变了黄仁勋的命运，也让黄仁勋为全球的计算机行业和人工智能行业做出了巨大贡献，而我们每个人都受益其中。

举办夏令营，让孩子们受益

正是看到了这些商业领袖对世界的巨大贡献，2022 年暑假，我第一次在北京举办中小学生"未来商业领袖"夏令营，用哈佛商学院的案例教学帮助培养孩子的商业思维，并且带孩子们去京东、百度、快手、特斯拉等国内外优秀企业访问。之前我教的都是企业家学生，从来没有教过未成年人。然而，这一次的夏令营改变了我的看法，孩子们优秀得超乎我的想象。当时，我把孩子们按照年龄进行分组，要求各组都对哈佛商学院案例进行深入分析。结果出乎我的意料，尽管这些哈佛案例都是针对成年人的，但孩子们的表现突出，甚至超过他们的父母。夏令营里有一个孩子叫冯庆恩，她的父亲是我的一个企业家学生，也上过我的哈佛商学院案例分析课。不可思议的是，尽管父女分析的是同一个哈佛案例，但孩子的表现超过了父亲的表现。原因是成年人的很多决策考虑了太多的人情世故，而不懂人情世故的孩子在做决策时考虑的反而是最本质的商业问题——是否赚钱。

在此次夏令营上，我要求孩子们以小组为单位，进行创业计划大赛。在最后的创业计划大赛上，孩子们的表现令父母惊讶，也再一次震撼了我。很多小组的创业计划都做得有声有色，而且他们的创业点子特别有创造力。例如，有一个小组的创业点子是研发能帮助每个人睡个好觉的智能枕头。当时听到这个创业点子时，我激动地说："如果你们真的能研发出这样的智能枕头，我立刻买，3000元或者5000元都舍得。"

在夏令营期间，我也认识了许多优秀的学生。有一位优秀的初三学生叫陈昊川。当时，他已经决定去新加坡读高中。在夏令营期间，我发现他不论在课间或者课前、课后，只要有闲暇时间，都会拿出一本单词书努力背单词。我非常欣赏他的自控力，也因此非常乐意帮他写推荐信。后来，当我听到他顺利被新加坡排名第一的国际高中UWC（世界联合书院）录取的好消息时，非常开心。我真诚地希望，通过自己的努力，能够帮助更多的孩子实现梦想。

2023年1月，我在长沙又举办了一次中小学生冬令营，以曾国藩的人生经历为主题，并带孩子们去曾国藩读书的岳麓书院和他在湖南娄底的故居富厚堂现场访学，以激励孩子们找到自己的人生目标。可以说，曾国藩从一个农民家庭出身的资质平平的普通百姓，一路成长为晚清四大名臣之首，读书真的改变了曾国藩的命运，也改变了中国的历史。

在以曾国藩为主题的冬令营中，我给参加冬令营的学生布置了一个作业：给父母写一封信。在这封信里，孩子们要认真思考自己未来的人生目标，并提出接下来的具体计划，以实现自己的人生目标。我没有想到的是，有个来自深圳的初三孩子叫董子菲，在冬令营结束之后，她竟然主动把手机交给了妈妈，并对妈妈说："妈妈，我想明白了，我的目标是要考上清华、北大这样的学校，而要想实现这个目标，我必须努力读书，考上一个好的高中。所以，我现在把手机交给您，以后每周我只看一小时手机就可以了。"她的妈妈后来在深圳请我吃饭时告诉了我这个消息，我再一次感到非常自豪。

让我们一起努力

2023 年 3 月，我的新书《科学营销》出版了。虽然营销是一门科学，但在中国，99% 的人对营销有误解，大多数人都把营销和推销、销售混为一谈。因此，我想把科学营销体系的每个流程完整地写出来，让大家全面了解营销，避免盲人摸象、管中窥豹的现象。在营销学术界，"现代营销学之父"菲利普·科特勒的著作《营销管理》是全球最具权威的营销学教科书，自 1967 年出版以来，已经出到第十六版，培养了无数的优秀企业家和经理人。但这本书有一个缺点——太厚了：第十六版有一百一十万字，很多人根本读不完。

正因如此，我在写《科学营销》时，力求用简单通俗的语言和国内外最新的实战案例把科特勒科学营销讲清楚。这本书出版之后大获成功，自 2023 年 3 月上市以来，三个月的时间内已经印刷了十次，这让我再一次看到了知识走进千家万户的价值。殿堂上的知识只是阳春白雪，无法发挥普惠众人的使命。以营销界为例，如果没有人来普及营销知识，企业家和企业高管们对营销的误解就会继续，这会导致很多企业急功近利，甚至使用虚假宣传、售卖假冒伪劣产品，从而损害消费者的权益。

确实，中国的营销界目前有些鱼龙混杂。以阿里巴巴为例，它是今天中国最为优秀的企业之一。但我就曾经在淘宝上买到过假货。有一段时间，我的畅销书《理性的非理性》断货了，想买一些送人，却买不到。无奈之下，我找我的博士生帮忙一起想办法。当时，博士生发现淘宝上有货，于是在淘宝上买了一本。我收到后非常生气。为什么呢？因为收到的那本书明显是盗版，印刷质量差很多。连阿里巴巴这样优秀的企业旗下的子品牌——淘宝上仍然有假冒伪劣产品，由此可见，中国企业的营销现状确实堪忧。

《科学营销》这本书是我目前为止职业生涯的代表作。我邀请了八十位国内外名校的教授、企业家、企业高管以及出版界、媒体界的名人为这本书写推荐语。其中，沃顿商学院张忠教授的推荐语也谈到了中国企业界营销的现状，很有代表性："在当今商业化的社会里，很少有人能忽视营销，更少的人承认不懂营销，大家都觉得自己懂。一时间在蓬勃发展的营销行业，武林高手云集，各自身怀绝技，出手高招，但营销是一门洞察市场环境、影响客户行为、制定竞争战略的科学。营销人不能只求热闹，不懂门道，靠偏方小计驾驭市场。郑毓煌教授的《科学营销》一书，师承正宗，弘扬科学，惠及大众，可谓雪中送炭，值得一读！"

确实，这就是我写这本《科学营销》的初衷。在今天的中国企业界，大多数企业还在依靠偏方小计，真正能把营销做好的企业很少。我们可以看一看苹果公司的营销。全球亿万消费者都认可和信赖苹果，甚至购买苹果公司的产品。我真诚地希望，《科学营销》这本书能够帮助越来越多的中国企业采用科学营销的理念和方法，真正以顾客为中心，重视顾客价值、满意度和忠诚度。也只有这样，中国品牌才会真正被中国消费者信任，并最终走向全球，屹立于世界品牌之巅。

2023 年 6 月，我与得到 App 合作的一门新课也上线了，这门课叫作"郑毓煌的营销学课"。这是一门通识课，是普通大众也能听得懂的课程。我从 2022 年年底就开始准备，花了半年时间一直在磨课，非常辛苦。得到 App 对通识课的要求非常高，要求每一节课都要讲出被大多数人误解的一个知识点，这样听众才能收获最大。这与传统讲课的逻辑相反，很多稿子改了无数遍。为了提高我的效率，得到 App 还在其总部给我安排了一间会议室，我几乎每周都要去得到 App 的总部一次，一去就是一整天。为了节约时间，午饭我只吃最简单的三明治和咖啡。每次改稿时，得到 App 的工作人员都帮我分析哪些内容更吸引人，哪些内容不够吸引人，应该如何修改。磨课的过程真的非常艰难。不过，想到这门课程能让数以万计的人受益，这些苦也就不算什么了。在传统的线下课程里，老师一辈子也影响不了这么多人。所以，我非常感谢这个互联网时代，让我能通过在线的音频或视频课程去影响更多人。

2023 年 7 月，我为中小学生举办的多个夏令营也即将开启。之前为中小学生举办的夏令营和冬令营，让我感受到了帮助改变其他孩子命运的自豪。正因如此，2023 年的暑假，我决定再次举办夏令营，并推出多个主题。除了和去年一样的"未来商业领袖"夏令营之外，我还将全新推出以"读书改变命运"为主题的夏令营，以及美国常春藤名校访学夏令营。我真诚地希望，通过自己的努力，我可以帮助更多孩子开阔眼界，找寻到他们的人生目标，从而开始真正的努力奋斗；帮助他们通过努力读书改变他们自己的命运，获得人生和事业的成功，同时也为这个国家和世界做出伟大的贡献，让中国和世界变得更加美好！

读书改变命运，让我们一起努力！

如何持续成长，获得成功

　　每个人都渴望成功。那么，究竟如何才能持续成长，获得成功？在一次清华 MBA 学生的开学典礼上，我做了演讲并总结了六个关键词。在这本书的末尾，我把这六个关键词送给每一个读者。我真诚地希望，这六个关键词能够激励每个人终身学习，持续成长，获得一次又一次的成功。

关键词一　眼界和视野

　　北欧航空公司（SAS）曾经有一则著名的广告："如果你还没有见过这个世界，又如何能改变世界？"每一个人都应该多去了解这个世界，拓展自己的眼界。在商业上，眼界和视野更是企业

227

成功的重要因素。很多企业家在国外受到启发之后，回国后跨界
学习了国外的商业模式。以雷军为例，雷军有一次去美国旅游，
想买一些保健品回来送亲戚朋友，于是去了著名的 Costco（开市
客）超市。在 Costco 超市，雷军发现那些保健品的品牌和产品与
外面商店里售卖的一样，价格却低很多：怎么有一家超市的价格
可以这么低？做了一番研究之后，雷军理解了 Costco 超市的商业
模式：Costco 超市不靠销售货物来赚钱，主要靠会员费赚钱。所
有到 Costco 购物的消费者，每年需要交五十五美元左右的会员费。
Costco 超市卖商品基本上不赚钱，仅仅保本而已，它的净利润几
乎全部来自会员费收入。

　　理解 Costco 超市的商业模式和营销策略之后，雷军就启用了
Costco 超市的商业模式和营销策略。2010 年，雷军创办了小米，
把同样的营销策略跨界应用到智能手机领域：采用性价比高的营
销策略，先通过不赚钱或赚钱很少的手机圈住大量用户，再通过
提供互联网服务和生态圈周边产品来赚钱，如手机充电器、小米
智能音箱等。结果，短短十年之后，小米就成功发展成为一家《财
富》世界 500 强企业。2021 年，小米营收高达 3283 亿人民币。
2021 年第二季度，小米手机的全球市场占有率更是超过了苹果，
仅次于三星。

关键词二　勇气和胆量

当有了眼界和视野后，你就会看到更好的人和更好的东西；但是如果没有勇气和胆量，你依旧没有办法成为更好的人。

举个我的好朋友赵勇的例子。他是我在清华读双学士学位的同班同学，1998 年本科毕业时我们一起参加了清华大学第一届学生创业计划大赛，后来又一起在清华攻读工商管理硕士，我们俩还是一个宿舍的舍友。在刚刚读完硕士研究生一年级后，他决定转学到国家会计学院读博士。

最令人不可思议的是，在读博一年之后，赵勇发现读博士主要是做学术研究，并不符合他的个人兴趣，于是他大胆决定退学。也就是说，2000 年我从清华毕业时，获得了清华和麻省理工学院联合培养的工商管理硕士学位；而他同样也读了两年书，却什么学位都没获得。当时，我就觉得赵勇真的非常有勇气，敢冒风险，将来必定能成为一个优秀的企业家！因为，企业家最重要的特质就是敢冒风险，敢为天下先。

后来，在全球著名的 IT（信息技术）咨询公司埃森哲（Accenture）工作几年之后，赵勇决定再去美国名校读一个工商管理硕士。最后，他成功被哥伦比亚大学商学院录取，我俩又成了同学。只不过当时我是在读博士，而他是在读 MBA。当时我非常佩服赵勇，因为他敢于放弃已有的高收入工作，而且读哥伦比亚大学 MBA 需要超过十万美元的学费，他敢于贷款读书。我自己当时选择读博士，主要就是因为有奖学金，可以不用付学费，但是读博士一二年级时，我也经历了不喜欢和不习惯的过程。然而相比之下，当时的我没有勇气放弃博士项目，因此我非常欣赏赵勇的勇气。

赵勇从哥伦比亚大学商学院 MBA 毕业后回国，相继在麦肯锡和全球最大的风险投资基金之一 KPCB（凯鹏华盈）工作，后来，他加入恺英网络成为联合创始人，把公司从十个人的规模做到一千多人，并成功让公司在 A 股上市。2023 年 4 月底的清华校庆，我们重聚清华，说到当年他从清华 MBA 项目和国家会计学院博士项目两次退学的事，两个人不禁哈哈大笑。

关键词三　能力和智慧

有了眼界和视野、勇气和胆量之后，还需要有能力和智慧。举个例子，如果人掉到水里，必须要有游泳的能力，否则就会被淹死。说到游泳，还有一个著名的例子。著名经济学家林毅夫本名林正义，1952 年出生在台湾宜兰。1979 年，他成功从台湾游到大陆后，改名为林毅夫。

从此，他的命运发生了巨大转变。1982 年，林毅夫获得北京大学经济学硕士学位；1986 年，林毅夫获得芝加哥大学博士学位，并于 1986—1987 年在耶鲁大学经济增长中心进行博士后研究；1987 年回国之后，林毅夫曾担任国务院农村发展研究中心农村部副部长，后来回到北京大学任教并创立了北京大学中国经济研究中心；2008—2012 年，林毅夫担任世界银行高级副行长兼首席经济学家；2023 年，林毅夫担任第十四届全国政协常委、经济委员会副主任。

在商业世界，能力和智慧也非常重要。创业、创新、营销、销售、管理、领导力、财务、金融、资本、战略……这些都是企业家必须学会的能力和智慧。所以，我经常鼓励学生们要终身学习。我在清华大学经常对即将毕业的学生们讲一句话："从清华毕业只是你终身学习的开始。"你有领导力吗？你能带好一千人的团队吗？你有没有本领把东西卖给上亿人？几乎没有哪个大学生有这个本领。因此，必须从大学毕业后一步一步开始，坚持终身学习。

关键词四　连接和资源

要获得成功，你还需要连接和资源。

　　同学关系很重要。2017 年 11 月底，我在清华大学举办了一个庆祝清华大学学生创业协会成立二十周年的论坛，并邀请了十位清华优秀校友回校座谈。当时，这十位校友所代表的企业市值超过一万亿人民币，其中包括美团、百合网、中文在线、清科集团等。

　　美团创始成员之一杨锦方，是清华大学学生创业协会的第二任会长，有过三年创业经历，后在甲骨文工作。2010 年 3 月，杨锦方接受了王兴的邀请，加入美团网。后来，杨锦方历任美团的销售副总裁、战略合作副总裁等，在美团的成长过程中立下了汗马功劳。在论坛上，我问杨锦方："在清华读书读了这么多年，你最大的收获是什么？"

　　结果，杨锦方反问我："你想让我说真话，还是说假话？"

　　我一下子被逗笑了，我说："今天是个闭门论坛，当然说真话。"

　　杨锦方说："在清华读书多年，我收获了很多知识，但是后来也忘记了很多知识。今天回想起来，最大的收获就是认识了一个同学，他的名字叫王兴。因为，如果我不认识他，就没有我的今天。"

关键词五　努力和坚持

如果你已经拥有了前面四个关键词，但不努力、不坚持，那么对不起，你还是无法成功。因为，努力和坚持是成功的必要条件。

以前面提到的王兴为例。王兴能有今天的成功，离不开他的努力和坚持。有一本写他的书叫《九败一胜》，读过之后你就会知道，创立美团之前，他所有的项目（多多友、游子图、校内网、饭否网、海内网）几乎都失败了。如果王兴没有坚持，就没有最后美团的胜利。如今，美团已经发展成为拥有美团外卖、大众点评、美团酒店、猫眼电影、美团配送、美团民宿、美团单车、美团买菜等一系列业务的大型生活电子商务服务平台。2018 年 9 月，美团在香港证券交易所上市，IPO 首日市值高达 3989 亿港元。截至 2023 年 5 月 26 日，美团市值超过 7000 亿港元，在中国所有上市的科技企业里排名第三，仅次于腾讯和阿里巴巴。

王兴在创立美团之前所有的失败有意义吗？当然有，因为失败给他带来了经验和教训。我们哪个人学走路没有摔过？哪个人学骑自行车没有摔过？哪个人学溜冰没有摔过？如果没有努力和坚持，你可能永远也学不会。

关键词六　理想和使命

努力和坚持很累，如果一件事你想坚持一辈子，你需要十分热爱它。你不能把工作仅仅看成一个用来挣钱养家糊口的工具。因为，如果你这么看待它的话，那么，当你钱赚够了，财务相对自由时，你可能就没有动力了。

所以，要想为一件事去终身努力奋斗，需要有自己热爱的理想和使命。以斯坦福大学的创办为例。1891 年，斯坦福大学由美国加州州长、铁路大亨利兰·斯坦福和他的妻子简·莱思罗普·斯坦福联合创立，以他们的儿子小利兰·斯坦福为名，以表纪念。1884 年，小利兰·斯坦福随父母在欧洲旅行时，感染了伤寒不幸病逝。悲痛的斯坦福夫妇返回美国后，利兰·斯坦福决定将他2000 万美元的积蓄和他在帕罗奥多市的 3561 平方公里的土地用来创建一所大学。当时，利兰·斯坦福曾告诉他的妻子："以后所有加利福尼亚州的小孩都是我们的孩子。"

1891 年 10 月 1 日，斯坦福大学举办开学典礼，当时纽约的报纸曾预言没有人会到斯坦福上大学："教授们将在大理石教室里，面对空板凳讲课。"

1893 年，利兰·斯坦福去世，他的财产也被冻结。在非常艰难的情况下，斯坦福夫人不仅没有停办学校，还竭尽全力维持学校的运转，直到 6 年后资金冻结彻底解除。当时，斯坦福夫人卖掉她的铁路股票和珠宝，将 1100 万美元转给斯坦福大学董事会，斯坦福大学才得以渡过危机。时任斯坦福大学校长的乔丹曾说："这所大学的生死命运，全系于一个善良夫人的爱。"

正是在这样的坚持下，斯坦福大学获得了举世瞩目的成功。今天，斯坦福大学不仅培养了近百位诺贝尔奖获得者，并且已经成为硅谷的中心，成为世界科技创新的中心。

因此，你一定要找寻到自己人生的理想和使命。

以上，便是获得成功的六个关键词。我真诚地希望，这六个关键词能够激励每个人终身学习，持续成长，获得一次又一次的成功。

清华博导郑毓煌教授给学生们的十条建议

1.人应该到竞争更激烈的环境中历练。尽管竞争的过程是痛苦的，但是它会逼着你变得更好。

2.在面临人生两难选择的时候，我的建议是，问问自己什么最重要。只要你心里知道什么最重要，那么做选择就不再那么困难。

3.成功的决定性因素并不是天赋，而是努力。各行各业有所成就的人之所以能取得成功，是因为他们比普通人更加努力。

4.多去认识学长学姐以及各种忘年交，除了收获友谊，你还能获得很多其他视角。

5.总结高中的学习经验，我认为最重要的是上课认真听讲，千万不要浪费上课的时间。因为一旦浪费上课的时间，课外再自学，需要花费更多的时间，只会事倍功半。 另外，一定要第一时间做完作业。

6.不用太在乎别人的看法，成大事者从来都是不拘小节的。

7.循规蹈矩的人获得成功的可能性是非常有限的，因为他们总是追随别人的脚步，没有勇气做别人没有做过的事情。所以，我希望读到这本书的你，也一定要有勇气，敢于冒险，突破自己。只有这样，你才能获得更大的成功。

8.人生每个阶段都要有个高目标，这样就能激励自己努力前进。即便高目标无法实现，最终的结果也不会差很多。

9.与优秀的人接触，我们可以从他们身上获得能量。只要有梦想，一切皆有可能！

10.对大多数贫穷或普通家庭出身的人来说，努力读书是改变命运的最佳选择！